Collection dirigée par Denis HUISMAN

Kant

Préface à la 2e édition de la Critique de la raison pure

Notes et commentaires de

Jacques Deschamps
Professeur au lycée Vilgenis (Massy)
Chargé de mission à l'ENS de Lyon

Préface

Alexis Philonenko

Avec la collaboration de

Marie-Hélène Laburthe-Tolra

les Intégrales de philo

Nathan

Sommaire

ISBN 2-09-183453-X

Préface

L'édition commentée de la Seconde Préface de la *Critique de la raison pure* ne laisse pas de combler une essentielle lacune au niveau de l'enseignement auquel elle s'adresse. C'est avec cette Préface qu'une nouvelle orientation philosophique se dessine. D'une part la philosophie cesse d'être un moment dans la constitution de la science. Kant sait fort bien que la science existe *de facto* hors la philosophie et en cela il est en un sens positiviste. Mais il s'interroge sur la possibilité de la science, c'est-à-dire sur son essence. La science existe – quelle est son essence, ce qui la rend possible ? C'est une interrogation bien nouvelle par rapport à Descartes qui construit une métaphysique pour avancer dans la science et je pense que cette orientation est la nôtre. Elle explique que la pensée kantienne soit une *critique*, qui, en son sens le plus originaire, est un jugement. Le renversement copernicien s'exprime ainsi clairement. De plus si l'interrogation critique est interrogation sur la science, le sujet kantien ne peut plus être le simple sujet de la perception auquel s'intéresse Berkeley. Le sujet que la philosophie critique est la science même en tant que totalité de méthodes qui permettent la constitution des objets scientifiques. Kant ne propose pas en cette Préface une théorie de la subjectivité, mais de l'idéalité. Mais d'autre part, puisqu'il n'y a pas de science sans conscience, la délimitation du savoir scientifique autorise à trancher la tête à toutes les pseudo-sciences. Kant dit qu'il a voulu abolir le savoir pour faire place à la foi. Par le mot « savoir » (*Wissen*), il entend non la science (*Wissenschaft*), mais la métaphysique brumeuse et sans cesse controversée. J'irai jusqu'à dire que le mot « savoir » doit être entendu comme *logos*. Aussi faut-il non seulement établir l'essence de la vraie science (Newton), mais restaurer le champ de la croyance et de la religion. Là encore Kant est notre maître et notre contemporain.

Tels sont les deux thèmes de réflexion que je proposerai à de futurs bacheliers et j'en ajouterai peut-être un troisième, moins visible, mais non moins important. Ces pages furent écrites alors qu'une nuée politique, où grondait déjà un formidable orage, régnait sur l'Europe. Kant n'y est pas insensible et, dans sa réflexion sur la science et sur l'éthique de la pensée et de l'existence, il veut mettre en garde le vieux monde, prêt à basculer dans le nouveau à travers d'horribles convulsions. À travers les commentaires savants, attentifs à certains détails polémiques mineurs, disparaît trop souvent cette admirable leçon d'équilibre moral et intellectuel dont on doit bien pourtant s'efforcer de se rendre digne.

Alexis Philonenko
Professeur à l'Université de Genève

Biographie de Kant

(1724-1804)

Une vie d'enseignement et de recherche

1. L'étudiant et le professeur

Emmanuel Kant est né le 22 avril 1724, à Königsberg, port fluvial marchand situé à l'extrême nord de la Prusse orientale, dans une famille qui compta onze enfants. D'origine sociale modeste (son père était ouvrier sellier et deux de ses sœurs furent servantes), il reçut de sa mère une éducation morale et religieuse qui le marqua toute sa vie. Il dira plus tard n'avoir souvenir de rien qui, dans la maison paternelle, fut en contradiction avec « l'honnêteté, la décence, la vérité ».

À partir de 1732, il suit ses études au collège de sa ville natale et y qui acquiert une formation classique baignée d'un piétisme fervent enseignant que la vraie foi est la foi vécue et que la régénération morale intérieure est à chercher dans la lecture directe de la Bible.

En 1740, Kant s'inscrit à l'université de Königsberg où l'influence piétiste était tout aussi forte qu'au collège Frédéric. Il y suit des cours de philosophie comprenant l'étude de la philosophie proprement dite et celle des sciences (mathématiques et sciences physiques). De son maître Martin Knutzen qui cherchait la conciliation du piétisme et du rationalisme de Leibniz – tel que Wolff en avait fait le commentaire – Kant reçoit une méthode fortement inspirée des mathématiques et selon laquelle toutes choses sont jugées à partir de principes fermes : démonstrations rigoureuses, définitions précises, déductions logiques des propositions ; méthode scientifique donc et que Kant va rapidement mettre en œuvre dans son premier écrit, édité en 1747 : *Pensées sur la véritable évaluation des forces vives*, où il s'attache à concilier Descartes et Leibniz autour de la mesure de la force des corps en mouvement. Avant de devoir interrompre ses études, Kant aura le temps d'approfondir ses connaissances mathématiques et surtout de découvrir la physique newtonienne.

En effet, son père meurt en 1746, et Kant, privé de ressources, quitte l'université sans pouvoir obtenir tous ses grades. Il devient, pour huit ans, précepteur dans différentes familles nobles des environs de Königsberg.

En 1755, il est nommé privat-docent à l'université de sa ville natale ; c'est-à-dire qu'il y donne des cours rétribués par les étudiants eux-mêmes, en dehors de l'enseignement officiel. Il enseigne la philosophie, les sciences naturelles, la géographie physique et la théologie. La même année, il publie son deuxième ouvrage : *Histoire universelle de la nature et théorie du ciel,* dans lequel il formule une hypothèse mécaniste des origines du monde, fortement inspirée de la physique de Newton.

En 1770, nommé professeur ordinaire de logique et de métaphysique à l'université de Königsberg, Kant rédige pour son habilitation son premier ouvrage célèbre : *La Dissertation de 1770.*

Il poursuivra, jusqu'en 1797, un enseignement dont le contenu sera toujours plus éclectique : des mathématiques à la géographie, de la logique au droit naturel, en passant par la métaphysique, la physique et la pédagogie. Kant ne quittera donc jamais sa Königsberg natale ; il y connaîtra tous les degrés de la gloire et de la reconnaissance officielle : membre du sénat de l'université en 1780, il en est le recteur de 1786 à 1788 et enfin le doyen en 1792. Après la reconnaissance nationale, la reconnaissance internationale : en 1794, il est élu à l'Académie de Saint-Pétersbourg et en 1798, à celle de Vienne.

En 1797, Kant, fatigué, abandonne l'enseignement. Il va rédiger de nombreuses notes sur le rapport entre la métaphysique de la nature – pensée selon les lois générales de la physique de Newton – et la physique concrète. Il travaille aussi à la redéfinition des problèmes de la philosophie transcendantale. Ces différents travaux semblent indiquer sinon une nouvelle métaphysique kantienne, du moins une évolution du criticisme vers un idéalisme radical. Ces ultimes travaux seront publiés sous le titre de *Opus postumum.* En fait, Kant a travaillé, jusqu'au bout, à tenter de penser ce que la deuxième moitié du XIXe siècle allait accomplir : le passage d'une métaphysique de la nature (philosophie) à une physique de la nature (science). Et, lorsque le 12 février 1804, la mort le prit, il prononça simplement ces mots : « C'est bien. »

2. Le philosophe

• La période pré-critique : 1747-1780

Elle couvre les années de la formation philosophique de Kant et la maturation de sa propre philosophie. Elle comporte tout d'abord des traités scientifiques. Puis, à partir de 1755, l'examen des questions sur le temps et l'espace, qui opposent Leibniz et Newton, conduit Kant vers une orientation plus spécifiquement philosophique. Il prend position sur la question de la métaphysique et s'interroge sur ses méthodes traditionnelles. Dès les années 1760 Newton,

Rousseau et les moralistes anglais nourriront sa réflexion. Signalons enfin le très long silence des années 1770-1780, coupé simplement par les *Lettres à Herz* de 1771 et 1772 ; silence qui est en fait celui de l'intense méditation préparant la *Critique de la raison pure.*

• La période critique : 1781-1790

En moins de dix ans, Kant va élaborer la quasi-intégralité de son système philosophique dont l'épine dorsale est constituée par les trois *Critiques* : *Critique de la raison pure* (1781 et 1787), *Critique de la raison pratique* (1788) *Critique de la faculté de juger* (1789 et 1790). La « critique » sera l'examen du pouvoir de la raison dans son usage théorique et pratique. Car la crise de la métaphysique au XVIIIe siècle suggère à Kant la nécessité d'une interrogation sur ce que la raison peut connaître quand elle dépasse les limites de l'expérience. Il lui apparaîtra que seule la raison pratique peut s'avancer dans le champ du suprasensible. La *Critique de la faculté de juger* sera, à ses yeux, un pont entre les deux critiques précédentes puisque la question de la finalité réunit science et morale. Durant cette période Kant sera aussi amené à publier pour expliquer sa pensée, souvent mal comprise. Il faudra attendre l'année 1786 pour que le public philosophique salue son œuvre. Alexis Philonenko a montré que cette reconnaissance était en partie liée à l'ouvrage *Qu'est-ce que s'orienter dans la pensée,* où Kant prend une position favorable pour le rationalisme, du néanmoins wolffien Mendelssohn, dans la polémique qui oppose ce dernier au fidéiste Jacobi. Cette polémique devient en Allemagne l'emblème de la lutte pour les Lumières contre les « enthousiastes ».

• La période de la défense du criticisme : 1790-1803

La mort du roi de Prusse, Frédéric II, en 1786, marque le déclin du « despotisme éclairé » et donc du libéralisme berlinois dont Kant avait largement bénéficié. Le maître de Königsberg doit, progressivement, faire face à une double attaque de son système. Celle du rationalisme dogmatique tentant de minimiser la spécificité de la philosophie critique par rapport à Leibniz, et celle de l'irrationalisme romantique. Mais c'est de l'intérieur même de son propre camp que Kant va recevoir les coups sinon les plus rudes, du moins ceux qui devaient le plus l'affecter : ses propres élèves Reinhold, Beck et Fichte surtout, dans l'intention plus ou moins sincère de compléter et de parfaire le criticisme, vont l'incliner irrémédiablement vers un idéalisme que Kant avait toujours refusé. Cette dernière décennie est donc surtout occupée par des travaux de défense du criticisme. Mais, plus que des polémiques ponctuelles, ces travaux apparaissent comme le parachèvement de la métaphysique, du double point de vue physique et moral.

Portrait de Kant par un élève

Kant n'a-t-il été que cette voix sans visage des Critiques ? Comme Platon recouvert par ses Dialogues ou Descartes par ses Méditations. Ne fut-il que ce grand maniaque dont le poète Henri Heine a pu dire qu'il ne croyait pas « que la grande horloge de la cathédrale de Königsberg eût accompli sa tâche avec plus de régularité que son compatriote Kant ». Certes, l'homme qui de toute sa vie, jamais ne quitta sa province natale et ne modifia sa promenade quotidienne, selon l'anecdote célèbre, qu'une seule fois dans son existence : pour aller prendre des nouvelles de la Révolution française, cet homme peut bien apparaître comme le philosophe à la poitrine plate et aux épaules étroites, engoncé dans le costume gris de la grisaille du métaphysicien qu'un Lautréamont aurait pu décrire.

Mais Emmanuel Kant ne fut pas que cela. Ce fut aussi ce très grand maître dont son élève Herder a tracé le portrait suivant :

J'ai eu le bohneur de connaître un philosophe qui était mon maître. Il était alors dans tout l'éclat de l'âge et il avait une gaieté alerte de jeune homme qui l'accompagne encore, je crois, dans ses années de vieillesse. Son front découvert, taillé pour la pensée, était le siège d'une sérénité et d'une joie inaltérables : de ses lèvres coulaient les discours les plus riches en idées ; plaisanterie, esprit, verve, tout cela était docilement à son service, et ses lecons étaient le plus intéressant des entretiens. Le même esprit qu'il employait à examiner Leibniz, Wolff, Baumgarten, Crusius, Hume, à scruter les lois de la nature chez Newton, Képler, les physiciens, il l'appliquait à interpréter les écrits de Rousseau qui paraissaient alors, l'*Émile* et *La Nouvelle Héloïse*, au même titre que toute découverte physique qui venait à lui être connue, il les appréciait et il revenait toujours à une connaissance de la nature libre de toute prévention, ainsi qu'à la valeur morale de l'homme. L'histoire de l'homme, des peuples, l'histoire et les sciences de la nature, l'expérience étaient les sources où il puisait de quoi alimenter ses leçons et ses entretiens. Rien de ce qui est digne d'être su ne lui était indifférent; aucune intrigue, aucune secte, aucun préjugé, aucun souci de renommée ne le touchait en rien, auprès de la vérité à accroître et à éclairer. Il excitait les esprits et les formait doucement à penser par eux-mêmes ; le despotisme était étranger à son âme. Cet homme que je nomme qu'avec la plus grande reconnaissance et le plus grand respect est Emmanuel Kant : son image, je l'ai toujours, pour ma joie, sous mes yeux.

Cité par Victor Delbos dans *Philosophie pratique de Kant*, PUF, 1969, page 42.

Repères chronologiques

Vie de Kant

1724 Naissance de Kant.

1737 Mort de sa mère.

1740 Commence des études de philosophie, théologie, mathématiques et physique.

1746 Mort de son père.

1755 Ouvre un cours libre à l'université de Königsberg.

1765 Sous-bibliothécaire à la bibliothèque royale du château de Königsberg.

1772 Cours d'anthropologie.

1774 Cours de théologie naturelle.

1776 Cours de pédagogie.

1780 Entre au sénat académique de l'université de Königsberg.

1786 Recteur de l'Université pour le semestre d'été. Entre à l'académie de Berlin.

1788 Recteur pour la seconde fois.

1794 Membre de l'académie des sciences de Saint-Pétersbourg.

1796 Donne sa dernière leçon à l'Université.

1800 Mort de son frère.

1801 Renonce à sa place au conseil de l'Université.

1804 Mort de Kant.

Événements historiques

1725 Mort de Louis XV.

1740 Début du règne de Frédéric II, roi de Prusse.

1755 Tremblement de terre de Lisbonne.

1769 Naissance de Napoléon Bonaparte.

1774 Mort de Louis XV. Avènement de Louis XVI.

1780 Mort de Marie-Thérèse d'Autriche – Avènement de Joseph II.

1786 Mort de Frédéric II. Avènement de Frédéric-Guillaume II.

1788 En France, convocation des États Généraux.

1789 Révolution française.

1790 Mort de l'empereur Joseph II.

1793 Exécution de Louis XVI.

1794 Chute de Robespierre.

1796 Mort de Catherine II de Russie.

1797 Bonaparte envahit l'Autriche.

1799 Coup d'État du 18 brumaire.

1801 Concordat de Bonaparte et de Pie VII. Bonaparte demande un résumé de la philosophie de Kant.

1804 Napoléon Ier, empereur.

Littérature, sciences, philosophie

1755 Rousseau, *Discours sur l'origine de l'inégalité.*
1756 Naissance de Mozart.
1759 Voltaire, *Candide.*
1761 Rousseau, *Julie ou la Nouvelle Héloïse.*
1762 Rousseau, *Du contrat social, Émile.*
1763 Voltaire, *Traité sur la tolérance.*
1770 Naissance de Hegel.
1775 Naissance de Schelling.
1776 Mort de Hume.
1778 Mort de Voltaire et de Rousseau.
1779 Publication des *Dialogues sur la religion naturelle* de Hume.
1783 Invention par les frères Montgolfier du ballon dit la « montgolfière ».
1785 Fondation en Allemagne d'une revue favorable au criticisme.
1786 Mozart, *Les Noces de Figaro.*
1787 Mozart, *Don Juan.*
1788 Naissance de Schopenhauer.
1789 Combats contre le kantisme.
1790 Mozart, *Cosi fan tutte.*
1791 Mozart, *La Flûte enchantée.* Mort de Mozart.
1794 Fichte, *Doctrine de la science.*
1795 Dans *Le Moniteur,* éloges de Kant et de Fichte.
1800 Schelling, *Système de l'idéalisme transcendantal.*
1802 Madame de Staël, *Delphine.*
1803 En Angleterre, réalisation de la première locomotive à vapeur.
1804 Naissance de Feuerbach.

Principales œuvres de Kant

1756 *Monadologie physique.*
1759 *Essai de quelques considérations sur l'optimisme.*
1762 *Observations sur le beau et le sublime.*
1770 Dissertation de 1770 : *De la forme et des principes du monde sensible et intelligible.*
1781 *Critique de la raison pure.*
1784 *Idée d'une histoire universelle au point de vue cosmopolitique.*
1785 *Fondements de la métaphysique des mœurs.*
1787 Seconde édition de la *Critique de la raison pure.*
1788 *Critique de la raison pratique.*
1790 *Critique de la faculté de juger.*
1793 *La Religion dans les limites de la simple raison.*
1797 *Métaphysique des mœurs.*
1798 *Anthropologie du point de vue pragmatique.*

Avant de commencer la lecture

Brève histoire de l'œuvre

« Pour ce qui est de cette seconde édition, *je n'ai pas voulu, comme de juste, négliger l'occasion qu'elle m'offrait de faire disparaître, autant que possible, les difficultés et les obscurités qui, peut-être bien par ma faute, ont pu donner lieu à certains malentendus dans l'appréciation que des hommes pénétrants ont faite de ce livre» (Critique de la raison pure,* Préface à la seconde édition, §17, p. 45).

1. Une seconde édition de la *Critique de la raison pure*

La *Critique de la raison pure* est rééditée en 1787. Ce qui peut tout d'abord étonner quand on sait que, lors de sa première parution en 1781, cet ouvrage ne reçut pas un accueil enthousiaste et, de ce fait, ne fut « ni un succès de vente, ni un succès philosophique » (*Histoire de la philosophie*, t. 2, La Pléiade, p. 823). Le projet critique de Kant fut vite assimilé aux positions bien connues des empiristes et des « sceptiques » tels que Hume, sur les limites de la métaphysique et sur la subjectivité de la connaissance en général. Car sa *Dissertation de 1770* sur l'idéalité de l'espace et du temps avait préparé le terrain pour de telles attaques.

Deux facteurs peuvent expliquer l'ampleur qu'ont su prendre la *Critique* et son auteur dans la culture allemande des années 1780 jusqu'au succès en 1786, année de la « reconnaissance » de Kant. Tout d'abord, l'effort pédagogique déployé par celui-ci après 1781 (les *Prolégomènes à toute métaphysique qui voudra se présenter comme science*, 1783) pour mieux faire comprendre son œuvre et la qualité du débat qu'il va savoir susciter avec les philosophes, amis ou ennemis. Ensuite, son engagement intellectuel dans toutes les grandes questions de son temps (*Qu'est-ce que les Lumières ?* 1784) et notamment son appui, certes tardif et contraint, aux rationalistes contre les fidéistes, dans la polémique Mendelssohn-Jacobi, avec *Qu'est-ce que s'orienter dans la pensée ?* en 1786. C'est donc sur fond de polémiques et d'incompréhension pour son œuvre que Kant ne va cesser de publier entre 1781 et 1786, occupant progressivement le premier rang dans les milieux philosophiques et imposant la profondeur de sa réflexion.

Or, si la seconde édition marque bien le temps du succès, elle sera perçue aussi par Kant comme une « occasion » unique et forte, par le retour au texte, de dissiper les « malentendus » qui l'ont tant affecté sur le sens de son projet critique, et qui ne sont pas nécessairement vaincus, malgré les honneurs.

2. Une occasion de dissiper les malentendus

« *Je tiendrai compte (pour la deuxième impression) de toutes les interprétations erronées ou bien aussi des passages incompréhensibles dont j'ai eu connaissance depuis que cet ouvrage a été mis en circulation.* » (Lettre à J. Bering du 7 avril 1786.)

« *Je suis à présent occupé [...] à une deuxième édition de la* Critique *et je m'efforce d'élucider différentes sections de celle-ci, dont la mauvaise compréhension a produit toutes les objections faites jusqu'ici.* » (Lettre à L.H. Jakob du 26 mai 1786.)

Loin de se contenter de superviser une seconde impression de son texte, le philosophe va donc se remettre au travail : si la seconde édition porte la mention « améliorée çà et là », c'est que des textes vont être remaniés et d'autres ajoutés. La liste des « améliorations » les plus conséquentes peut nous faire comprendre la nature des malentendus que Kant veut dissiper : une nouvelle préface, une nouvelle introduction, des remaniements dans l'Esthétique transcendantale, puis dans la Logique transcendantale le réaménagement de la déduction dite « subjective » au profit de la déduction dite « objective » (Analytique transcendantale, livre II de l'analytique des principes), et une nouvelle rédaction des Paralogismes de la raison pure (Dialectique transcendantale, livre II des raisonnements dialectiques de la raison pure).

Deux intentions pédagogiques se dégagent. D'une part, repréciser la nature et la portée de la critique de la raison dans la Préface et l'Introduction pour éviter l'amalgame avec le scepticisme. D'autre part, réexpliquer le rapport des représentations à leur objet et au sujet, pour éviter l'accusation d'idéalisme et de subjectivisme. Car, de toutes les attaques dirigées contre la *Critique*, c'est le texte de Garve et Feder, paru anonymement en 1782, qui a le plus affecté Kant : ils l'accusent de rendre impossibles la science et la vérité par son analyse du rapport représentation-objet dans la Déduction, et de revenir à l'empirisme subjectif de Hume. Quand on sait que Kant veut au contraire dégager les conditions de possibilité de la science et les appliquer à la métaphysique – pour éviter à la raison de discourir dans le vide et de susciter par là même la haine de la raison – on peut comprendre l'étendue de sa déception et sa ténacité pédagogique !

3. Une nouvelle préface

La Préface de 1787 a pour souci d'éviter la confusion entre la critique de la raison par la raison elle-même et le réquisitoire sceptique sur l'impuissance de la raison. Kant veut prouver qu'il n'est pas le « brise-tout » évoqué par Mendelssohn. Sans reculer par rapport à la *Critique* de 1781, il va donc tenter de « réajuster » son discours à la hauteur de ses intentions profondes et de mettre en avant l'aspect positif de sa démarche.

En 1781, dans la première Préface, il insistait **tout d'abord** sur la « destinée » tragique de la raison, désignant par là l'impasse théorique où avait débouché la métaphysique :
– sa tendance à poursuivre un absolu qui la conduit à discourir dans le vide et à rencontrer de nombreuses contradictions ;
– les conséquences sur la métaphysique : l'alternance de l'illusion dogmatique et du scepticisme radical qui font d'elle « le terrain où se livrent [d]es combats sans fin » ;
– le dégoût et l'indifférence pour la métaphysique, et la raison en général, qui résultent de ces polémiques ;
– la nécessité d'un tribunal ou « critique » de la raison qui débarrasse la métaphysique de ses illusions pour la rendre enfin possible, en statuant sur ce qu'elle peut connaître.

En 1787, il insistera **tout d'abord** sur l'existence des connaissances qui ont réussi à devenir des sciences et sur le principe de cette réussite : la découverte de l'usage *a priori* de la raison (contre l'empirisme) :
– après avoir repris le thème de la crise de la métaphysique, il se demandera comment appliquer le principe de cette réussite à la métaphysique, car celle-ci est nécessaire pour la raison humaine ;
– ce qui le conduira à proposer son analyse de la relation concept-intuition selon le renversement appelé « révolution copernicienne », comme solution aux échecs de la métaphysique, et à déterminer les conditions et les limites de la connaissance spéculative (l'expérience) ;
– il montrera que pour autant le désir d'absolu de la métaphysique peut trouver une issue dans le domaine pratique ;
– ce qui lui permettra de conclure sur l'utilité positive de la critique : elle a su dégager l'« extension » pratique de la raison ; elle peut ainsi couper court à la misologie qui affectait la vie morale et redonner à la raison sa suprématie, conformément à l'esprit des Lumières.

La Préface de 1781 était donc la critique sceptique du dogmatisme en métaphysique ; celle de 1787 est la critique de ce scepticisme lui-même : il ne faut pas que l'aspect négatif de cette critique – la limitation de la raison spéculative – masque son aspect positif : qu'une telle limitation est aussi la voie ouverte à la découverte du suprasensible par la raison pratique.

Problématiques essentielles

La crise de la métaphysique

En 1781 comme en 1787, le thème de la crise de la métaphysique constitue le fondement et la clef de voûte de la *Critique de la raison pure*. C'est lui, en effet, qui est le point de départ de la recherche concernant le pouvoir de la raison. De la question: « Que peut réellement connaître la métaphysique ? », Kant problématise: « Que peut connaître la raison humaine ? » C'est d'autre part ce thème qui commande le plan de l'ouvrage: il préside à l'analyse des éléments constitutifs de toute connaissance (Théorie des éléments), puis conduit à l'analyse des remèdes contre les dérapages de la raison (Théorie de la méthode). C'est dire son importance dans l'unité de la philosophie kantienne ! Néanmoins, Kant n'est pas le premier, ni le seul, au XVIIIe siècle, à souligner l'échec du discours métaphysique. Ce qui est original, c'est son interprétation globale du phénomène. Avant d'analyser le diagnostic de Kant, sous sa forme achevée en 1781 dans la *Critique*, il convient d'examiner dans quel contexte et de quelle manière s'élabore progressivement ce thème dans sa pensée.

La métaphysique en question au XVIIIe siècle

La métaphysique visée par le « siècle de la critique », c'est cet ensemble de théories cherchant à connaître l'être de toutes choses (sensibles comme suprasensibles) et procédant, à cette fin, par déduction de concepts, de manière purement *a priori*, sur le modèle des mathématiques. C'est ce qu'on a appelé la métaphysique « **rationaliste** » puisque la raison, par ses seules forces, prétend connaître la totalité des êtres et le système qu'ils forment. Néanmoins, la métaphysique rationaliste est aussi dite « **dogmatique** » car, dans sa remontée aux principes absolus, elle pose l'existence de Dieu comme constitutive de la connaissance humaine. S'attachant tout particulièrement aux principes de l'être et de la connaissance (Dieu et l'âme), elle se présente enfin comme la « **science première** », c'est-à-dire au fondement de toutes les autres sciences: c'est la « reine des sciences ».

Pour l'homme du XVIIIe siècle, la métaphysique rationaliste et dogmatique est surtout représentée par Descartes, Malebranche, Spinoza et Leibniz.

L'essor des sciences physiques, dès le XVIIe siècle avec Galilée, et surtout au XVIIIe siècle avec Newton, va ébranler la confiance dans la **méthode** métaphysique et favoriser la critique envers un type de discours qui ne produit pas les certitudes atteintes ailleurs. Non seulement la métaphysique semble moins bien connaître le réel que la nouvelle physique, mais, bien plus, celle-ci n'a pas du tout besoin de la métaphysique pour assurer la vérité de ses propositions. Ce qui affranchit aussi la science des dogmes religieux rencontrés par la déduction métaphysique. C'est donc un empire qui s'écroule. Quand les sciences de la nature vont offrir aux yeux de tous le modèle d'une connaissance qui « marche », car elle parvient à des résultats mesurables et vérifiables, les théories métaphysiques ne sembleront en rester qu'aux « mots » dans d'innombrables polémiques et contradictions. La réflexion se portera donc sur la comparaison entre la méthode déductive employée par la métaphysique et la méthode inductive prônée par Newton (« je ne forge pas d'hypothèses »). On trouve l'exemple d'un tel parallèle dans le célèbre texte de Fontenelle sur Descartes et Newton : « L'un, prenant un vol hardi, a voulu se placer à la source de tout, se rendre maître des premiers principes par quelques idées claires et fondamentales, pour n'avoir plus qu'à descendre aux phénomènes de la Nature comme à des conséquences nécessaires. L'autre, plus timide ou plus modeste, a commencé sa marche en s'appuyant sur les phénomènes pour remonter aux principes inconnus [...] » (*Éloges des savants*, 1697). Au-delà d'un simple parallèle, cette comparaison conduira à un renouvellement dans la manière de comprendre la genèse de la connaissance : la perception apparaîtra comme un élément primordial de la connaissance. Du coup, ce sont les objets visés par la métaphysique qui sembleront problématiques : le champ du suprasensible, c'est-à-dire toutes les questions portant sur des réalités ne faisant pas l'objet d'une expérience comme, par exemple, Dieu et ses desseins, l'immortalité de l'âme, le commencement du monde. C'est dans la philosophie empiriste, puis chez les encyclopédistes français que va se développer cette remise en question de la métaphysique traditionnelle.

• La critique empiriste : avant même les leçons de Newton, Bacon (1561-1626), à qui Kant dédie d'ailleurs sa *Critique*, compare dans le *Nouvel Organon* (1620) le progrès des « arts mécaniques » avec l'essoufflement de la « dialectique » scolastique et critique les constructions ingénieuses, mais stériles, de la méthode déductive. La raison doit partir des faits pour proposer une « interprétation de la nature ». Locke (1632-1704), puis Hume (1711-1776) s'attacheront à examiner la genèse de la connaissance : ils concluront que toute connaissance dérive des sensations et que, de ce fait, la seule méthode légitime dans les sciences est l'induction qui, s'appuyant sur les phénomènes observés, élabore les lois générales susceptibles de les rendre intelligibles. Ce qui les conduira à remettre en question l'existence des idées innées à la base de la méthode déductive, et de déclarer illusoires les conclusions de la métaphysique rationaliste.

• Les encyclopédistes : marqués par l'héritage de Bacon et de Newton, on trouve chez Diderot (1713-1784), Buffon (1707-1788), Maupertuis (1698-1759) ou Condillac (1714-1780) une critique de l'esprit de « système » propre à la méthode rationaliste, l'application des principes épistémologiques de Newton, et surtout le refus du principe dogmatique dans l'explication des phénomènes.

Le désir d'indépendance de la raison par rapport à la référence religieuse, la fascination exercée par Newton concourent à faire du siècle des Lumières, le siècle de la crise de la métaphysique.

En Allemagne, le thème de la crise de la métaphysique traditionnelle se développe surtout autour de la philosophie mathématico-déductive du philosophe le plus influent dans la première partie du XVIIIe siècle : Wolff (1679-1754). Sa philosophie reçoit d'une part l'héritage de Leibniz avec lequel il a correspondu de 1704 à 1716, et d'autre part la tradition rationaliste évoquée plus haut. Sa doctrine fait l'objet de l'enseignement officiel dans les universités et l'on sait que Kant fut formé dans sa pensée. Dans les années 1755, elle va se trouver attaquée, et avec elle toutes les prétentions de la métaphysique traditionnelle. Par des philosophes issus d'un courant anti-rationaliste d'une part : Crusius (1715-1775) notamment, dont Kant reprendra l'argumentation, reproche à Wolff une méthode purement *a priori* fondée sur une confusion entre le réel et le possible. Par les « newtoniens » d'autre part, sur la question de l'espace et du temps car Wolff défend la position de Leibniz. Les physiciens français joueront ici un rôle primordial : Buffon est publié dès 1749 en Allemagne, et Maupertuis nommé président de l'Académie de Berlin par Frédéric II. Enfin, l'influence des empiristes dont les idées se diffusent avec un succès croissant : l'*Enquête sur l'entendement humain* de Hume est traduite en allemand en 1756.

Dans ce contexte de polémiques sur le pouvoir de la raison, l'Allemagne sera un terrain privilégié pour accueillir ce mouvement de fond qui bouleverse la culture traditionnelle et qui conduira à la question de la légitimité de la métaphysique.

La formulation du problème de la métaphysique chez Kant : une question de méthode

Dans la période pré-critique, on trouve, à partir de 1763, les arguments courants au XVIIIe siècle. Kant est encore redevable de son temps.

Dans *L'Unique Fondement possible d'une démonstration de l'existence de Dieu* et dans l'*Essai pour introduire en philosophie le concept de grandeur négative*, il reprend l'idée que la métaphysique confond le possible et le réel, l'ordre de la logique et l'ordre de l'existence, comme le montre l'argument ontologique qui déduit l'existence de Dieu de son concept dans l'esprit (un être parfait). Or, du concept d'une chose on ne peut déduire son existence. De manière plus générale, ce n'est pas avec le principe logique d'identité que l'on peut établir la nécessité de l'existence d'une chose (principe de causalité). Le modèle déductif des mathématiques paraît inadapté aux sujets dont s'occupe la métaphysique.

Dans les *Recherches sur l'évidence des principes de la théologie et de la morale* (publié en 1764), et dans les *Observations sur le sentiment du beau et du sublime* (1764), Kant, se référant à la méthode de Newton, affirme que la métaphysique doit analyser les données de l'expérience pour rendre intelligible leur complexité. Que le problème de la métaphysique soit celui de la méthode, qu'il faille penser une méthode positive de la métaphysique, Kant le dit très clairement dans son Introduction aux *Recherches sur l'évidence* [...] : « La question posée est de telle nature que, si elle est convenablement résolue, la Haute Philosophie doit en recevoir une forme déterminée. Si la méthode est solidement établie, d'après laquelle le plus haut degré possible de certitude peut être atteint dans cette sorte de connaissance, et bien comprise la nature de cette conviction, il faut alors, qu'au lieu de l'instabilité sans fin des opinions et des sectes scolaires, une règle immuable du mode de connaissance rassemble des têtes pensantes en vue d'efforts identiques ; c'est ainsi que dans les sciences de la nature, la méthode de Newton a transformé le désordre des hypothèses physiques en une démarche assurée selon l'expérience et la Géométrie. »

Avec les *Rêves d'un visionnaire expliqués par des rêves métaphysiques* (1766), se dessine une approche plus agressive : les théories de la métaphysique dogmatique sont mises en parallèle avec les délires mystiques de Swedenborg.

C'est dans la Lettre à Marcus Herz, en 1772, que Kant propose une interprétation plus globale et plus personnelle de la crise de la métaphysique. Du reproche envers les méthodes existantes en métaphysique, il arrive à donner la « formule » du **problème** de la métaphysique : en tant que connaissance intellectuelle, elle pose le problème de « la relation de ce que l'on nomme en nous représentation, à l'objet ». Ou « comment mon entendement peut-il se former lui-même tout à fait *a priori* des concepts des choses, avec lesquels les choses doivent nécessairement s'accorder ? » Voilà, pour Kant, « la clé de l'énigme tout entière, celle de la métaphysique jusqu'à présent encore cachée à elle-même ». Kant s'oriente dès lors vers un examen de la capacité de connaître de l'entendement : c'est la position du problème « critique ».

Dans la *Critique de la raison pure,* le problème de la métaphysique sera formulé ainsi : si la métaphysique est en crise et l'a toujours été, c'est qu'elle a cru pouvoir avancer dans le champ de la connaissance avec la raison pure, c'est-à-dire avec de simples concepts *a priori,* sans se demander jusqu'où ceux-ci pouvaient déterminer quelque chose avec objectivité. Elle n'a pas su voir que si les mathématiques réussissaient là où elle échouait, c'est que leurs concepts *a priori* « se laissent [...] représenter dans l'intuition » (Introduction à la seconde édition de la *CRP*). La première solution à la crise de la métaphysique, c'est donc une critique de la raison pure qui évalue l'étendue et les limites de cet usage pur. Ce qui revient à traiter le problème général qui se cache derrière la crise de la métaphysique : « Comment des jugements synthétiques *a priori* sont-ils possibles ? » Du coup, il sera possible de répondre à la question que pose le spectacle désolant des antinomies des métaphysiciens : « Comment la métaphysique est-elle possible en tant que science ? » L'enquête sur les jugements synthétiques *a priori*, qui est au cœur de la résolution de la crise de la métaphysique, conduira la critique à étudier la relation troublante entre des concepts *a priori* et leur applicabilité à l'expérience. Non seulement le problème de la métaphysique conduira Kant à explorer le pouvoir de connaître, comme le souhaitaient les empiristes et comme la Lettre à Herz le commandait, mais il le conduira aussi à scruter ce que sont pour nous le réel ainsi que l'objet apparemment extérieur à notre représentation. La solution kantienne à la crise de la métaphysique sera donc « transcendantale » : « J'appelle transcendantale toute connaissance qui s'occupe moins des objets que de nos concepts *a priori* des objets ». C'est par conséquent la déduction transcendantale qui sera le point fort de la résolution du problème de la métaphysique.

Le modèle des sciences physiques

C'est à l'aune des réussites nouvelles dans les sciences de la nature que la métaphysique va se trouver jugée, par Kant et par ses contemporains, comme une discipline non « scientifique » et en échec dans ses prétentions à la connaissance. Deux questions se posent dès lors : en quoi consiste historiquement l'essor des sciences physiques et qu'en résulte-t-il dans la détermination du concept de science en général ? C'est en effet l'évolution générale de ce concept qui va jeter le discrédit sur la « reine des sciences ».

1. L'essor des sciences physiques au XVIIIe siècle

Mis en place dès le XVIIe siècle avec la naissance de la « science moderne », ce mouvement trouvera son point d'orgue avec la théorie de l'attraction universelle de Newton. La révolution scientifique du XVIIe siècle sera omniprésente dans les esprits au XVIIIe siècle, et c'est d'ailleurs aux savants qui l'ont portée que Kant se réfère dans la Seconde Préface.

• La naissance de la science moderne

Dans ses *Études d'histoire de la pensée scientifique*, Alexandre Koyré établit que la science moderne est « née dans un contact étroit avec l'astronomie ; plus précisément, elle prend son origine dans la nécessité d'affronter les objections physiques opposées par nombre de savants de l'époque à l'astronomie copernicienne » (p. 202). Copernic a en effet bousculé les cadres traditionnels de l'aristotélisme par sa théorie héliocentrique dans *De la révolution des orbes célestes* en 1543. Parmi ses défenseurs les plus illustres, figurent Kepler et Galilée. Leurs travaux conduiront à une révolution dans la manière de penser non seulement le mouvement des astres mais aussi celui des corps terrestres. La science moderne naît donc avec une nouvelle représentation du monde. La théorie de Galilée, écrit Koyré, « implique notamment l'abandon de la conception classique et médiévale du Cosmos – unité fermée d'un Tout, Tout qualitativement déterminé et hiérarchiquement ordonné, dans lequel les parties différentes qui le composent, à savoir le Ciel et la Terre, sont sujettes à des lois différentes – et son remplacement par celle de l'Univers, c'est-à-dire d'un ensemble ouvert et indéfiniment étendu de l'Être, uni par l'identité des lois fondamentales qui le gouvernent [...] » (p. 197).

• La fascination exercée par Newton

La théorie de l'attraction universelle représente la plus grande synthèse jamais proposée sur les lois de l'univers : elle montre le lien entre les mouvements célestes et les mouvements terrestres. Par ailleurs, cette théorie peut être vérifiée par des phénomènes divers et concrets, comme celui des marées. Cette efficacité scientifique donnera une autorité aux « Règles de philosophie » dans lesquelles Newton établit la valeur scientifique de l'induction et de l'expérimentation pour échapper aux présupposés de la métaphysique. Dans ses *Études newtoniennes*, Koyré résume ainsi l'impact de Newton sur son temps : « Le succès écrasant de la physique newtonienne eut pour résultat pratiquement inévitable que l'on considéra ses caractéristiques comme essentielles à l'édification de la science comme telle, de n'importe quelle science ; toutes les sciences nouvelles qui apparurent au XVIIIe siècle – science de l'homme et de la société – essayèrent de se conformer au modèle newtonien de la connaissance empirico-déductive [...] » (p. 39)

2. L'évolution du concept de science

Avec l'essor des sciences physiques au XVIIe et au XVIIIe siècles, la métaphysique va progressivement perdre son titre de science. Pourquoi ? Parce que, à la lumière des réussites de la physique, le terme de science va recouvrir un savoir à la fois *a priori* et objectif, un rationalisme appliqué et applicable, parce que sachant délimiter le champ de son efficacité.

Les travaux de Kepler et de Galilée montrent tout d'abord que le savoir est *a priori* : leurs découvertes sont le fruit d'une pensée mathématique qui défie les évidences du sens commun et de l'imagination, comme le montrent le calcul du mouvement des planètes et le principe d'inertie. D'après Galilée, la nature est écrite en langage mathématique : ce qui exclut le recours aux notions de finalité et de valeur. Seule la raison a le pouvoir de poser des questions à la nature : c'est elle qui a l'initiative de la connaissance. C'est précisément la leçon que Kant tire des révolutions scientifiques dans la Seconde Préface : « La physique est donc redevable de l'heureuse révolution qui s'est opérée dans sa méthode à cette simple idée, qu'elle doit chercher (et non imaginer) dans la nature, conformément aux idées que la raison même y transporte, ce qu'elle doit apprendre, et dont elle ne pourrait rien savoir par elle-même » (§ 8, p. 32).

Mais, du coup, la raison doit avouer ses limites pour tout ce qui est en dehors du « mécanisme » du monde. Une connaissance des « causes premières » n'est pas possible dans ce langage mathématique : la science reconnaît qu'elle ne peut pas atteindre l'inconditionné. C'est le sens de la célèbre phrase de Newton : « La principale tâche de la philosophie naturelle est d'argumenter à partir des phénomènes, sans feindre d'hypothèses, et de déduire les causes des effets jusqu'à ce que nous arrivions à la véritable cause première, qui certainement n'est pas mécanique ». C'est là le principe du divorce avec la métaphysique : la coupure entre l'explication physique et l'explication théologique ; la distinction entre l'être en soi et le phénomène. Ainsi, l'opposition entre le savoir et la croyance dans la Seconde Préface trouve tout son sens dans ce renoncement du théorique à l'absolu.

Par ailleurs, ce savoir *a priori* est efficace. Si la raison a l'initiative dans le questionnement, elle a aussi la capacité de contrôler ses constructions par la « mise en scène » d'une expérience. L'idée de rigueur scientifique semble alors indissociable des procédures de vérification dans les faits. Et c'est parce que la nature parle le même langage que la raison qu'elle peut infirmer ou confirmer une théorie. Le nouveau savoir, en se limitant aux données d'une expérience possible, se donne un appui et des moyens de contrôle. Kant s'interrogera d'ailleurs sur cette correspondance entre la raison et le réel sensible dans les sciences. C'est ce questionnement qui le conduira à sa « révolution copernicienne » et aux analyses du schématisme transcendantal. Par opposition, la métaphysique représentera un type de discours incapable de coïncider avec le réel et incapable de faire l'objet d'une procédure de contrôle : ce qui la fera basculer du côté de l'imagination et de la fiction. D'où la fascination exercée par la méthode expérimentale de Newton : « Nous n'allons certainement pas abandonner l'évidence des expériences pour l'amour des rêves et des vaines fictions venues de notre création ». C'est par la méthode de l'induction que Newton protégera la théorie scientifique des principes métaphysiques et invérifiables.

C'est cette efficacité qui explique l'engouement du XVIIIe siècle pour la science physique. Cette science prend alors un caractère mondain : en témoigne le goût pour les cabinets de physique, pour les expérimentations (notamment concernant les phénomènes électriques), ainsi que la multiplication des sociétés et des académies scientifiques.

Les sciences physiques sont, selon l'expression de Koyré, « la racine et le fruit » de la révolution intellectuelle des XVIIe et XVIIIe siècles. Elles contribuent à l'élaboration de nouveaux cadres intellectuels, mais elles sont elles-mêmes le résultat des mutations plus générales qui touchent les notions de raison et de vérité.

La réflexion sur la raison

En présentant, dans la Seconde Préface, les étapes de l'esprit dans les sciences mathématiques et physiques, et en se réclamant l'artisan d'une évolution analogue en métaphysique, Kant appartient pleinement à la philosophie des Lumières. Dans son raisonnement, en effet, apparaissent les trois idées essentielles de ce courant :

• **L'idée de progrès de la raison**

Tout homme dispose d'une raison, mais celle-ci ne parvient pas immédiatement à la réalisation de ses dispositions et de ses fins naturelles. Elle rencontre non seulement des obstacles extérieurs, le despotisme et la censure intellectuelle, mais encore des obstacles intérieurs, l'asservissement aux raisonnements d'un autre (souvent organisé socialement) et un usage sans loi de son pouvoir qui la conduit aux rêves et non à la connaissance. Comme l'a montré Cassirer dans *La Philosophie des Lumières,* la raison est conçue comme une énergie, une acquisition et non comme une possession. La dimension du devenir est donc fondamentale et le progrès signifie l'émancipation attendue par les Lumières, c'est-à-dire la « sortie de la minorité ». Car la vocation de la raison réside dans la pensée : une pensée qui ne se fige pas dans des formules mécaniques mais qui reste pensée en acte, authentique et donc libre. Il est ainsi possible de dresser le tableau des étapes de l'esprit – comme on le voit notamment chez Voltaire et Condorcet – pour orienter son avenir. C'est dans ce cadre intellectuel que la notion de « révolution dans la manière de penser », constatée dans l'histoire des sciences et attendue en métaphysique, prend toute son ampleur chez Kant. Ici, la révolution représente la capacité de sortir à un moment donné d'une époque de l'esprit, parce qu'il y a urgence et impossibilité de continuer comme avant, sous peine de régresser. Dans la *Critique de la raison pure,* Kant repère les âges de la raison : l'enfance avec le dogmatisme, puis le scepticisme, et enfin la maturité avec le criticisme. Ce qui indique, selon la Seconde Préface, que l'heure est venue pour la métaphysique de passer une étape, car ce sont l'indifférentisme et le dégoût qui affectent cette discipline.

• **L'idée d'une réflexion nécessaire sur le pouvoir même de la raison**

Loin de s'en tenir aux « effets » de la raison et à ses succès dans les sciences, il apparaît comme nécessaire que la raison accède à son principe, à la connaissance de soi. Comme le dit Cassirer : « C'est une époque qui sent au fond d'elle-même une force neuve au travail et qui, pourtant, est moins fascinée par les créations inlassables de cette force que par son mode d'action » *(op. cit.).* C'est que le progrès escompté ne réside pas seulement dans l'extension des connaissances, mais réside surtout dans l'affirmation progressive d'une raison libérée de ses entraves passées. C'est cette liberté de la pensée qui est visée par le projet critique de Kant : l'examen du pouvoir de la raison est la condition de son autonomie.

• **L'idée d'une unité de la raison**

La connaissance de soi conduit la raison à la compréhension de son unité. Comme l'écrit encore Cassirer : « Le XVIIIe siècle est imprégné de la foi en l'unité et en l'immutabilité de la raison. La raison est une et identique pour tout sujet pensant, pour toute nation, toute époque, toute culture » *(op. cit.)*. Cette unité à l'œuvre dans toutes les créations de la raison permet à Kant de faire une analogie entre les sciences dans la Seconde Préface : ce que la raison a réussi en mathématique et en physique, elle peut le reproduire en métaphysique si, et seulement si, elle comprend le principe de ces succès. Pour Kant, l'unité de la raison réside dans le pouvoir *a priori* de la pensée. La réflexion sur ce pouvoir, et notamment sur ce qui en découle pour la connaissance du monde, permettra l'éducation de la métaphysique.

Le XVIIIe siècle allemand, symbole d'un siècle éclairé par les lumières de la raison, contre l'obscurantisme du XVIIe, dont la Guerre de Trente ans est ici l'illustration.

Résumé - Guide de lecture

1. Le critère de la valeur scientifique d'une étude (§1)

- Il faut confronter la méthode utilisée dans une étude avec le résultat obtenu.
- Les signes négatifs : inefficacité et inadaptation de la méthode choisie par rapport au but visé, impossibilité d'un accord des esprits sur cette méthode.
- On pourra ainsi distinguer les études qui sont de simples « tâtonnements » de celles qui sont des sciences.

2. L'examen des disciplines prétendant à cette valeur (§§ 2-9)

- **La logique (§§2-3) :**
  - elle remplit les conditions de toute science. L'identité de son contenu dans le temps témoigne de sa solidité scientifique : elle est constituée et achevée depuis Aristote ;
  - son objet d'étude lui permet d'atteindre facilement cet objectif : elle ne traite que de la structure de l'entendement (sa « forme »), c'est-à-dire une faculté donnée une fois pour toutes ;
  - c'est pour les études portant sur des objets de l'expérience que la valeur scientifique s'acquiert de manière plus problématique.
- **Précision sur la notion de science (§4) :**
  La démarche scientifique relève de l'usage *a priori* et théorique de la raison. Il existe un autre usage de la raison : l'usage pratique.
- **La mathématique et la physique (§§5-8) :**
  - ce sont deux sciences d'objets et donc, contrairement à la logique, leur valeur scientifique est le fruit d'une longue histoire (§5) ;
  - le cheminement des mathématiques : des premiers tâtonnements à la révolution de Thalès (§6) ;
  - le cheminement de la physique : un parcours encore plus difficile, jusqu'à la révolution de Galilée, Torricelli et Stahl (§§ 7-8).
- **La métaphysique (§9) :**
  - c'est une étude tout à fait à part : elle ne s'appuie pas sur l'intuition ni dans son investigation ni dans sa méthode ;
  - contrairement aux études examinées précédemment, elle ne remplit toujours pas les conditions de toute science : il y règne beaucoup d'embarras et d'arrogance ;
  - c'est un échec qui surprend, du fait de la longévité et de l'importance de cette étude dans la culture humaine.

3. Le désir de sortir la métaphysique de cette impasse (§10)

- Il y a un paradoxe entre la durée de l'échec et la durée de l'intérêt pour cette discipline (lignes 1-14).
- Une proposition pour sortir de l'impasse : l'analogie avec les sciences qui ont réussi montre la nécessité d'un changement radical au niveau de la méthode (lignes 14-22).
- La résolution du problème : le décentrement opéré par la révolution copernicienne est appliqué à la théorie de la connaissance (lignes 22-39).
- Le sujet est la condition de possibilité de l'expérience, comme le montre l'analyse nouvelle du rapport intuition-concept (ligne 39 à la fin).

4. La découverte des limites de la métaphysique et de toute connaissance théorique en général (§11)

- La réussite de la nouvelle méthode est indéniable : elle permet d'expliquer d'une part la possibilité de la connaissance *a priori* et, d'autre part, la possibilité de la connaissance des lois de la nature (lignes 1-12).
- Cette réussite comporte néanmoins une contrepartie troublante : notre connaissance a pour limite l'expérience possible (lignes 12-18).
- On peut néanmoins vérifier la valeur de cette méthode : l'idée d'absolu devient enfin pensable (lignes 18-42).
- Il y a également une compensation de taille à ces restrictions : ce que la raison théorique ne peut atteindre (le suprasensible) est à la portée de la raison pratique (ligne 42 à la fin).

5. L'exposition de la tâche de la *Critique* et du nouvel objet de la métaphysique (§12)

- La présentation du but de l'ouvrage et la définition de l'objet de la *Critique* : appliquer la révolution intellectuelle et faire un traité de la méthode.
- La spécificité de la raison spéculative : une aptitude à mesurer et à dénombrer ses pouvoirs de connaissance selon les problèmes posés (lignes 1-25).
- On peut en faire découler la spécificité de la métaphysique : une science qui peut être achevée et qui sera fondamentale pour les autres sciences (ligne 25 à la fin).

6. La valeur de la critique pour la culture (§§13-15)

- **C'est une valeur hautement positive : la critique peut libérer l'usage pratique des limites de la raison théorique de la raison (§13) :**
  - l'explication de l'utilité positive de la critique : les effets pervers de la recherche de l'absolu par la raison spéculative dans le domaine moral (lignes 1-22) ;

– l'annonce d'une analyse de la raison pratique pour établir son lien avec le suprasensible (lignes 22-29);
– une image concrète, empruntée à la vie sociale, pour faire comprendre l'aspect positif d'une restriction: le travail de la police (lignes 29-35);
– rappel des restrictions posées par la critique concernant l'usage théorique: nous ne connaissons que les phénomènes (ligne 35 à fin du §13).

- **La démonstration de l'utilité positive des restrictions de la raison théorique pour la raison pratique, avec le cas de la liberté (§14) :**
  – on peut penser ce que néanmoins on ne peut connaître par la raison théorique;
  – démonstration par l'absurde: si la distinction entre phénomène et chose en soi n'avait pas été établie, il serait impossible de poser la liberté. Grâce à la critique, il est possible de restreindre le principe du mécanisme aux seuls objets de l'expérience;
  – ce qui permet de libérer la morale du mécanisme et de la rendre ainsi possible;
  – on peut appliquer cette démonstration à d'autres données de la raison pratique: Dieu et l'âme.

- **L'utilité sociale de la critique (§14, ligne 93 : « si donc il n'est pas impossible de léguer à la postérité [...] » au §15) :**
  – la critique a une valeur éducative pour les progrès de la raison; la rigueur qu'elle impose à l'esprit est utile aussi pour la formation des esprits et pour la lutte contre le scepticisme moral;
  – l'éducation de la raison est nécessaire car il y a une dialectique (illusion) inhérente à la raison;
  – la critique ne nuit donc pas aux esprits: elle ne nuit qu'aux écoles dogmatiques;
  – mais la critique a aussi un rôle positif pour les écoles: elle prévient le discrédit qui gagne les polémiques sur des questions qui n'ont aucun impact sur les hommes;
  – car la morale n'est pas l'affaire des savants mais de tout homme;
  – la critique porte donc de l'intérêt aux difficultés de la raison spéculative: le discrédit de la raison est socialement plus ou moins dangereux;
  – l'intérêt des États à soutenir la démarche critique.

7. La méthode suivie par la *Critique* (§16)

- Il faut dissiper un malentendu sur le sens de la critique du dogmatisme: distinguer le dogmatisme de la méthode dogmatique. La critique suivra cette méthode.
- Une méthode qui s'affirme donc contre la philosophie « populaire » et contre le scepticisme qui dénient à la métaphysique tout caractère scientifique.
- La forme choisie pour l'ouvrage sera la forme scolastique.
- Ce qui constitue un héritage de Wolff.

8. Les corrections de la seconde édition (§17)

- Elles portent sur certaines expositions et non pas sur les démonstrations.
- La justification concernant les démonstrations : l'histoire de l'ouvrage (un travail scrupuleux) et les « présupposés philosophiques » (fixité de la raison pure et autovérification du système).
- Des remarques sur l'exposition : la liste des corrections dans la rédaction ; les conséquences sur la clarté de la présentation ; un encouragement aux lecteurs (on ne peut éviter les difficultés de la lecture).

L'annonce du programme de travail futur : il explique le peu de temps à consacrer aux éclaircissements.

Kant, dessin par Hagemann

Cripure, le héros tragique du Sang Noir *de Louis Guilloux — Professeur de philosophie, Merlin fut surnommé Cripure par ses élèves en raison de son admiration pour la* Critique de la raison pure. *(Ici interprété par M. Maréchal dans* Cripure, *adaptation pour la scène du roman.)*

Préface à la seconde édition de la *Critique de la raison pure*, 1787

KANT

Nous donnons ici le texte de la Seconde Préface dans la traduction de Barni et Archambault, édité dans la collection Garnier-Flammarion. Les références à la *Critique de la raison pure* et à la *Critique de la raison pratique* seront faites aux éditions du PUF et sous le sigle *CRP* pour la première et *CPRA* pour la seconde.

PRÉFACE DE LA SECONDE ÉDITION
(1787)

§1

Dans le travail auquel on se livre sur les connaissances qui sont [proprement l'œuvre] de la raison[1], on juge bientôt par le résultat si l'on a suivi ou non la route sûre de la science[2]. Si, après toutes sortes de dispositions et de préparatifs, on tombe dans des difficultés [nouvelles] au moment où l'on croit toucher le but ; ou si, pour l'atteindre, on est souvent forcé de revenir sur ses pas et de prendre une autre route ; ou bien encore s'il est impossible d'accorder entre eux les divers travailleurs sur la façon dont le but commun doit être poursuivi, on peut être convaincu que cette étude [à laquelle on se livre] est loin d'être entrée dans la voie sûre de la science, mais qu'elle est encore un simple tâtonnement. Or, c'est déjà un mérite pour la raison que de découvrir autant que possible cette voie, dût-on abandonner comme vaine une grande partie du but qu'on s'était d'abord proposé sans réflexion.

1. Voir **Concepts clés** : la raison, p. 51 et **Glossaire** : raison, p. 90.

2. Voir **Concepts clés** : la science, p. 50.

§2

Ce qui montre [par exemple] que la *logique*[3] est entrée depuis les temps les plus anciens dans cette voie certaine c'est que, depuis *Aristote*[4], elle n'a pas eu besoin de faire un pas en arrière, à moins que l'on ne regarde comme des améliorations le retranchement de quelques subtilités inutiles, ou une plus grande clarté dans l'exposition, toutes choses qui tiennent plutôt à l'élégance qu'à la certitude de la science. Il est aussi digne de remarque que, jusqu'ici, elle n'a pu faire un seul pas en avant, et qu'aussi, selon toute apparence, elle semble arrêtée et achevée. En effet, lorsque certains modernes ont pensé l'étendre en y introduisant certains chapitres, soit de *psychologie,* sur les diverses facultés de connaître (l'imagination, l'esprit), soit de *métaphysique,* sur l'origine de la

3. La logique est la science des règles de l'entendement.

4. Voir **Glossaire des auteurs** : Aristote, p. 93.

connaissance ou sur les diverses espèces de certitude suivant la diversité des objets (sur l'idéalisme, le scepticisme, etc.), soit d'*anthropologie* sur les préjugés (leurs causes et leurs remèdes), cela provient de leur ignorance de la nature propre de cette science. Ce n'est pas étendre les sciences, mais les dénaturer, que de confondre leurs limites. Or celles de la logique sont déterminées très exactement par ceci qu'elle est une science qui expose en détail et démontre rigoureusement les seules règles formelles[1] de toute pensée (que cette pensée soit *a priori*[2] ou empirique, qu'elle ait telle ou telle origine et tel ou tel objet, qu'elle rencontre dans notre esprit des obstacles accidentels ou naturels).

§3

Si la *logique* a été heureuse, elle ne doit cet avantage qu'à son étroite spécialisation, qui l'oblige à faire abstraction de tous les objets de la connaissance et de leur différence, et qui veut que l'entendement[3] ne s'y occupe que de lui-même et de sa forme. Il devait être naturellement beaucoup plus difficile pour la raison d'entrer dans la voie sûre de la science, lorsqu'elle n'a plus seulement affaire à elle-même, mais aussi à des objets[4]. Aussi, la logique, comme propédeutique, n'est-elle en quelque sorte que le vestibule des sciences ; et lorsqu'il s'agit de connaissances, on suppose sans doute une logique pour les juger, mais leur acquisition, c'est dans ce qu'on appelle proprement et objectivement les sciences qu'il faut la chercher.

§4

S'il y a de la raison dans ces sciences, il faut aussi qu'il y ait quelque connaissance *a priori*[5], et [d'autre part] la connaissance de la raison peut se rapporter à son objet de deux manières : ou bien il s'agit simplement de le *déterminer* lui et son concept (qui doit être donné d'autre part), ou bien il s'agit de le *réaliser*. Dans le premier cas, on a la *connaissance théorique*, dans le second, la *connaissance pratique* de la raison[6]. Dans les deux cas la partie pure de la connaissance, si grande ou si petite que soit son

1. *Formel*, par opposition avec *matériel*, signifie : « indépendamment du contenu ». La logique porte sur la validité ou simple cohérence des propositions. Ainsi, une théorie peut être valide sans être vraie.

2. *A priori* : indépendamment de l'expérience. Kant exposera que la logique générale d'Aristote n'avait pour objet que la forme logique des propositions et de leurs rapports, c'est-à-dire qu'elle n'envisageait jamais le contenu de la connaissance. S'il existe des formes *a priori* de l'entendement, une logique transcendantale deviendra possible, qui analysera les formes de l'entendement en tant qu'elles sont constitutives de l'expérience. Voir **Grandes thèses** : La réflexion sur l'*a priori*, p. 57. Voir **Glossaire** : *a priori*, p. 88.

3. Voir **Concepts clés** : la raison (la distinction avec l'entendement), p. 51.

4. Voir **Concepts clés** : la science, p. 50.

5. Voir **Grandes thèses** : La réflexion sur l'*a priori*, p. 57.

6. Voir **Concepts clés** : la raison, p. 51, **Glossaire** : raison, p. 90.

contenu, je veux dire la partie où la raison détermine son objet complètement *a priori*, doit être d'abord traitée séparément et sans aucun mélange de ce qui vient d'autres sources. C'est en effet le propre d'une mauvaise économie domestique que de dépenser inconsidérément tout ce qu'on reçoit, sans pouvoir distinguer ensuite, lorsqu'on se trouve dans l'embarras, quelle partie des recettes peut supporter la dépense, et sur quelle partie il faut la restreindre.

§5

La *mathématique* et la *physique*[1] sont les deux connaissances théoriques de la raison qui doivent déterminer *a priori* leur *objet*, la première d'une façon entièrement pure, la seconde du moins en partie, mais aussi dans la mesure [que lui permettent] d'autres sources de connaissance que la raison.

§6

La mathématique, dès les temps les plus reculés où puisse remonter l'histoire de la raison humaine, a suivi, chez l'admirable peuple grec, la route sûre de la science. Mais il ne faut pas croire qu'il lui ait été aussi facile qu'à la logique, où la raison n'a affaire qu'à elle-même, de trouver cette route royale, ou pour mieux dire, de se la frayer. Je crois plutôt qu'elle est restée longtemps à tâtonner (surtout chez les Égyptiens), et que ce changement fut l'effet d'une révolution[2] due à un seul homme, qui conçut l'heureuse idée d'un essai après lequel il n'y avait plus à se tromper sur la route à suivre, et le chemin sûr de la science se trouvait ouvert et tracé pour tous les temps et à des distances infinies. L'histoire de cette *révolution* intellectuelle, beaucoup plus importante cependant que la découverte de la route par le fameux cap, l'histoire aussi de l'homme qui eut le bonheur de l'accomplir n'est pas parvenue jusqu'à nous. Cependant la tradition que nous transmet *Diogène Laërce*[3], en nommant le prétendu inventeur de ces éléments les plus simples des démonstrations géométriques qui, suivant l'opinion commune, n'ont besoin d'aucune preuve, cette tradition prouve que

1. Pour Kant les mathématiques ont un rapport avec l'intuition. Kant opposera mathématique et physique à partir du rapport qu'elles entretiennent à leurs objets : la première construit son objet et évolue dans un monde de concepts arbitraires. La seconde doit d'abord accepter le donné concret de l'expérience, puis procéder à son analyse. L'opération critique kantienne consistera à montrer que la signification de l'être mathématique est moins logique que transcendantale, c'est-à- dire qu'elle est dans le rôle de construction joué par celui-ci dans la connaissance empirique. Voir **Concepts clés** : la science (la différence entre mathématiques et logique), p. 50.

2. Voir **Problématiques essentielles** : La réflexion sur la raison, p. 20.

3. Voir **Glossaire des auteurs** : Diogène Laërce, p. 93.

le souvenir du changement opéré par le premier pas fait dans cette route nouvellement découverte, a dû paraître extrêmement important aux mathématiciens, et a été sauvé par cela de l'oubli. Le premier qui démontra le *triangle isocèle* (qu'il s'appelât *Thalès*[1] ou de tout autre nom) fut frappé d'une [grande] lumière ; car il trouva qu'il ne devait pas s'attacher à ce qu'il voyait dans la figure, ou même au simple concept qu'il en avait, mais qu'il avait à engendrer, à construire[2] [cette figure], au moyen de ce qu'il pensait à ce sujet et se représentait *a priori* par concepts, et que, pour connaître avec certitude une chose *a priori*, il ne devait attribuer à cette chose que ce qui dérivait nécessairement de ce qu'il y avait mis lui-même, en conséquence de son concept[3].

§7

La physique arriva beaucoup plus lentement à trouver la grande route de la science ; car il n'y a guère plus d'un siècle et demi, que l'essai ingénieux de *Bacon* de Vérulam[4] a en partie provoqué, et, parce qu'on était déjà sur la trace, en partie stimulé encore cette découverte, qui ne peut s'expliquer que par une révolution subite de la pensée. Je ne veux ici considérer la physique qu'autant qu'elle est fondée sur des principes empiriques.

§8

Lorsque *Galilée*[5] fit rouler ses boules sur un plan incliné avec une accélération [déterminée et] choisie par lui-même, ou que *Torricelli* fit porter à l'air un poids qu'il savait être égal à [celui d'une colonne] d'eau à lui connue, ou que, plus tard, *Stahl* transforma des métaux en chaux et celle-ci à son tour en métal, en y retranchant ou en y ajoutant certains éléments*, alors ce fut une [nouvelle] lumière pour tous les physiciens. Ils comprirent que la raison n'aperçoit que ce qu'elle produit elle-même d'après ses propres plans, qu'elle doit prendre les devants avec les principes[6] qui déterminent ses juge-

* Je ne suis pas ici exactement le fil de la méthode expérimentale, dont les premiers commencements ne sont pas encore bien connus.

1. Voir **Glossaire des auteurs** : Thalès, p. 95.

2. La construction renvoie au travail conceptuel de représentation dans l'intuition pure (les formes *a priori* de la sensibilité, espace et temps).

3. C'est ce qui fait l'extrême simplicité et donc l'intelligibilité des objets mathématiques : avec très peu de concepts élémentaires (grandeur, espace, unité...) et aussi peu de propositions indémontrables mais évidentes, on démontrera toutes les autres propositions possibles. Voir **Glossaire** : concept, p. 88.

4. Voir **Glossaire des auteurs** : Bacon, p. 93. Il publia son *Novum organum* en 1620, dans lequel, rejetant la description classique de la nature héritée de la scolastique aristotélicienne, il essaie de faire une théorie de l'expérience. Il apparaît comme celui qui le premier, peut-être, a pensé la méthode expérimentale.

5. Ce passage est étudié plus loin. **Voir commentaire d'extrait**, p. 72. Pour les trois savants cités, voir **Glossaire des auteurs**, pp. 94-95.

6. Il s'agit ici des concepts *a priori* en tant qu'ils ordonnent le divers de l'intuition.

ments suivant des lois constantes, et forcer la nature à répondre à ses questions, au lieu de se laisser conduire par elle comme à la lisière ; car autrement nos observations faites au hasard et sans aucun plan tracé d'avance ne sauraient se rattacher à une loi nécessaire, ce que cherche et exige pourtant la raison. Celle-ci doit se présenter à la nature tenant d'une main ses principes, qui seuls peuvent donner à des phénomènes concordants l'autorité de lois, et de l'autre l'expérimentation, telle qu'elle l'imagine d'après ces mêmes principes. Elle lui demande de l'instruire, non comme un écolier qui se laisse dire tout ce qui plaît au maître, mais comme un juge[1] en fonctions, qui contraint les témoins à répondre aux questions qu'il leur adresse. La physique est donc redevable de l'heureuse révolution qui s'est opérée dans sa méthode à cette simple idée, qu'elle doit chercher (et non imaginer) dans la nature, conformément aux idées que la raison même y transporte[2], ce qu'elle doit en apprendre, et dont elle ne pourrait rien savoir par elle-même. C'est ainsi qu'elle est entrée d'abord dans le sûr chemin de la science, après n'avoir fait pendant tant de siècles que tâtonner.

§9

La *métaphysique*[3] est une connaissance rationnelle spéculative tout à fait à part, qui s'élève entièrement au-dessus des leçons de l'expérience, en ne s'appuyant que sur de simples concepts (et non en appliquant comme les mathématiques ces concepts à l'intuition), et où, par conséquent, la raison doit être son propre élève. Cette connaissance n'a pas encore été assez favorisée du sort pour pouvoir entrer dans le sûr chemin de la science, et pourtant elle est plus vieille que toutes les autres, et elle subsisterait toujours, alors même que celles-ci disparaîtraient toutes ensemble dans le gouffre d'une barbarie dévastatrice. La raison s'y trouve continuellement dans l'embarras, ne fût-ce que pour apercevoir *a priori* (comme elle en a la prétention) ces lois que confirme la plus vulgaire expérience. Il y faut revenir indéfiniment sur ses pas, parce qu'on trouve que la route [qu'on a suivie] ne conduit pas où l'on veut aller. Quant à mettre ses adeptes d'accord dans leurs assertions, elle en est tellement éloi-

1. Le tribunal est l'analogie choisie par Kant pour donner à penser une nouvelle idée de la connaissance : la connaissance comme législatrice et non comme activité contemplatrice.

2. La *CRP* montrera que les lois propres de la nature ne sont que des spécifications des lois universelles de l'entendement. C'est une même synthèse intellectuelle qui rend possible l'objet de l'intuition empirique et l'objet de la science mathématique de la nature ; les mêmes catégories fondent donc à la fois notre concept naturel du monde et le système de la connaissance physico-mathématique de la nature. Sur cet usage *a priori* de la raison, voir **Concepts clés** : la raison, p. 51, et **Grandes thèses** : La réflexion sur l'*a priori*, p. 57.

3. Pour une analyse de cette discipline à l'époque de Kant, voir **Problématiques essentielles** : La crise de la métaphysique, p. 13.

gnée qu'elle semble plutôt être une arène exclusivement destinée à exercer les forces des jouteurs en des combats de parade, et où aucun champion n'a jamais pu se rendre maître de la plus petite place et fonder sur sa victoire une possession durable. Il n'y a donc pas de doute que sa marche n'ait été jusqu'ici qu'un pur tâtonnement, et, ce qu'il y a de pire, un tâtonnement au milieu de simples concepts[1].

1 Voir **Concepts clés** : la science, p. 50 ; la critique (le problème de la métaphysique), p. 54.

§10

Or, d'où vient qu'ici la science n'a pu ouvrir encore un chemin sûr ? Cela serait-il par hasard impossible ? Pourquoi donc la nature aurait-elle inspiré à notre raison cette infatigable ardeur à en rechercher la trace, comme s'il s'agissait d'un de ses intérêts les plus importants[2] ? Bien plus, comme nous avons peu de motifs de confiance en notre raison, si, quand il s'agit de l'un des objets les plus importants de notre curiosité, elle ne nous abandonne pas seulement, mais nous leurre de fausses espérances et finit par nous tromper ! Peut-être jusqu'ici a-t-on fait fausse route, mais sur quels motifs fonder l'espérance qu'en nous livrant à de nouvelles recherches nous serons plus heureux que ne furent les autres avant nous ? En voyant comment les mathématiques et la physique sont devenues, par l'effet d'une révolution subite, ce qu'elles sont aujourd'hui, je devais juger l'exemple assez remarquable pour [être amené] à réfléchir au caractère essentiel d'un changement de méthode[3] qui a été si avantageux à ces sciences, et à les imiter ici, du moins à titre d'essai, autant que le comporte leur analogie[4], comme connaissances rationnelles, avec la métaphysique. On a admis jusqu'ici que toutes nos connaissances devaient se régler[5] sur les objets ; mais, dans cette hypothèse, tous nos efforts pour établir à l'égard de ces objets quelque jugement *a priori* et par concept qui étendît notre connaissance n'ont abouti à rien. Que l'on cherche donc une fois si nous ne serions pas plus heureux dans les problèmes de la métaphysique, en supposant que les objets se règlent sur notre connaissance, ce qui s'accorde déjà mieux avec ce que nous désirons [démontrer], à savoir la possibilité d'une connaissance *a priori* de ces objets qui établisse quelque chose à leur égard, avant

2. La raison ne peut renoncer aux questions métaphysiques. Voir **Glossaire** : métaphysique, p. 90.

3. Voir **Problématiques essentielles** : Le modèle des sciences physiques, p. 17.

4. Ces sciences portent en effet sur des objets différents.

5. Voir **Grandes thèses** : La réflexion sur l'*a priori*, p. 57 ; Une nouvelle théorie de la connaissance, p. 65.

même qu'ils nous soient donnés[1]. Il en est ici comme de la première idée de *Copernic*[2] : voyant qu'il ne pouvait venir à bout d'expliquer les mouvements du ciel en admettant que toute la multitude des étoiles tournait autour du spectateur, il chercha s'il n'y réussirait pas mieux en supposant que c'est le spectateur qui tourne et que les astres demeurent immobiles. En métaphysique, on peut faire un essai du même genre au sujet de l'*intuition*[3] des objets. Si l'intuition se réglait nécessairement sur la nature des objets, je ne vois pas comment on en pourrait savoir quelque chose *a priori* ; que si l'objet au contraire (comme objet des sens) se règle sur la nature de notre faculté intuitive, je puis très bien alors m'expliquer cette possibilité. Mais, comme je ne saurais m'en tenir à ces intuitions, dès le moment qu'elles doivent devenir des connaissances ; comme il faut, au contraire, que je les rapporte, en tant que représentations, à quelque chose qui en soit l'objet et que je détermine par leur moyen, je puis admettre [l'une de ces hypothèses] : ou bien les *concepts*[4] à l'aide desquels j'opère cette détermination se règlent aussi sur l'objet mais alors je me retrouve dans le même embarras sur la question de savoir comment je puis en connaître quelque chose *a priori* ; ou bien les objets ou, ce qui revient au même, l'*expérience*[5] dans laquelle seule ils sont connus (comme objets donnés) se règle sur ces concepts, et dans ce cas, j'aperçois aussitôt un moyen plus simple de sortir d'embarras. En effet, l'expérience elle-même est un mode de connaissance qui exige le concours de l'entendement, dont je dois présupposer la règle en moi-même, avant que des objets me soient donnés, par conséquent *a priori*, et cette règle s'exprime en des concepts *a priori*, sur lesquels tous les objets de l'expérience doivent nécessairement se régler, et avec lesquels ils doivent s'accorder. Pour ce qui regarde les objets, en tant qu'ils sont conçus simplement par la raison, et cela d'une façon nécessaire, mais sans pouvoir être donnés dans l'expérience (du moins tels que la raison les conçoit), nous trouverons en essayant de les concevoir (car il faut bien pourtant qu'on les puisse concevoir), [nous trouverons, dis-je] plus tard une excellente pierre de touche de ce que nous regardons comme un changement de méthode dans la façon de penser : c'est que nous ne connaissons *a priori* des choses que ce que nous y mettons nous-mêmes[6].

1. *Donnés* signifie « représentés de manière empirique dans la sensation ».

2. Voir **Grandes thèses** : Une nouvelle théorie de la connaissance (la référence à Copernic), p. 65 et **Glossaire des auteurs** : Copernic, p. 93.

3. Voir **Glossaire** : intuition, p. 89, et **Concepts clés** : l'expérience (ce qui permet à celle-ci d'être déterminable *a priori* dans les sciences), p. 53. Voir **Documents**, Autour de l'œuvre : texte de Kant, Les deux sources de la connaissance, p. 79.

4. Voir **Glossaire** : concept, p. 88.

5. Voir **Concepts clés** : l'expérience, p. 53.

6. C'est le principe de la distinction entre phénomène et chose en soi. Voir **Grandes thèses** : Une nouvelle théorie de la connaissance (le rôle du sujet dans la connaissance), p. 66. Voir **Documents**, Autour de l'œuvre : Éclaircissements sur l'opposition phénomène et chose en soi, p. 80.

§11

Cette tentative* réussit à souhait et elle promet la marche assurée d'une science à la première partie de la métaphysique, à celle où l'on n'a affaire qu'à des concepts *a priori*, dont les objets correspondants peuvent être donnés dans une expérience conforme à ces concepts. En effet, à l'aide de ce changement de méthode, on peut très bien expliquer la possibilité d'une connaissance *a priori*, et ce qui est encore plus [important], munir de preuves suffisantes les lois qui servent *a priori* de fondement à la nature, considérée comme l'ensemble des objets de l'expérience ; deux choses qui étaient impossibles avec la méthode usitée jusqu'ici. Mais cette déduction[1] de notre faculté de connaître *a priori* conduit, dans la première partie de la métaphysique à un résultat étrange, et, en apparence, tout à fait contraire au but que poursuit la seconde partie : c'est que nous ne pouvons, avec cette faculté, dépasser les bornes de l'expérience possible, ce qui est pourtant l'affaire essentielle de la métaphysique[2]. D'un autre côté, l'expérimentation nous fournit ici même une contre-épreuve de la vérité du résultat auquel nous arrivons dans cette première appréciation de notre faculté de connaître *a priori* : c'est que cette faculté n'atteint que des phénomènes et laisse de côté les choses en soi[3] qui, bien que réelles en elles-mêmes, nous restent inconnues. En effet, ce qui nous pousse nécessairement à sortir des limites de l'expérience et de tous les phénomènes, c'est l'*inconditionné*[4], que la raison exige nécessairement et à juste titre, dans les choses en soi, pour tout ce qui est condi-

* Cette méthode, empruntée au physicien, consiste donc à rechercher les éléments de la raison pure dans *ce que l'on peut confirmer ou rejeter au moyen de l'expérimentation.* Or on ne peut, pour éprouver les propositions de la raison pure, soumettre leurs *objets* à l'expérimentation (comme cela a lieu en physique), surtout si elles sont hasardées en dehors des limites de toute expérience possible. Cette épreuve ne pourra donc se faire que sur des *concepts* et *des principes* admis *a priori :* on les envisagera de telle sorte qu'on puisse considérer les mêmes objets sous deux points de vue différents, *d'un côté* comme des objets des sens et de l'entendement, c'est-à-dire comme des objets d'expérience, d'*un autre côté* comme des objets que l'on ne fait que concevoir, c'est-à-dire comme des objets de la raison isolée et s'efforçant de s'élever au-dessus des limites de l'expérience. Or, il se trouve qu'en envisageant les choses à ce double point de vue, on tombe d'accord avec le principe de la raison pure, tandis qu'envisagées sous un seul elles donnent lieu à un inévitable conflit de la raison avec elle-même ; alors l'expérimentation décide en faveur de l'exactitude de cette distinction.

1. « Les jurisconsultes, quand ils parlent de droits et d'usurpations, distinguent dans une cause la question de droit (*quid juris*) de la question de fait (*quid facti*) et, comme ils exigent une preuve de chacune d'elles, ils appellent *déduction* la première, celle qui doit démontrer le droit ou la légitimité de la prétention. » (*CRP*, p. 100)

2. Voir **Glossaire** : transcendant, p. 91. Voir **Grandes thèses** : Une nouvelle théorie de la connaissance , p. 65 ; L'indépendance de la raison pratique, p. 67.

3. Voir **Grandes thèses** : Une nouvelle théorie de la connaissance, p. 65. Voir **Documents**, Autour de l'œuvre : Éclaircissements sur l'opposition phénomène et chose en soi, p. 80 ; La distinction entre la raison et l'entendement : la dialectique, p. 81 et **Glossaire** : phénomène, p. 90 ; chose en soi, p. 88.

4. Cet usage logique de la raison indique le sens de son usage pur : l'inconditionné y sera recherché comme condition ultime de toutes les conditions d'un phénomène. Voir **Concepts clés** : la raison, p. 51 ; **Documents** : Autour de l'œuvre : La distinction entre la raison et l'entendement : la dialectique, p. 81 et **Glossaire** : inconditionné, p. 89.

tionné, afin d'achever ainsi la série des conditions. Or, en admettant que notre connaissance expérimentale se règle sur les objets, comme sur des choses en soi, on trouve que l'absolu ne peut *se concevoir sans contradiction* ; au contraire, si l'on admet que notre représentation des choses, telles qu'elles nous sont données ne se règlent pas sur ces objets, [considérés] comme choses en soi, mais que ce sont eux plutôt qui, comme phénomènes, se règlent sur notre mode de représentation, alors *la contradiction disparaît.* Si en conséquence [on se convainc que] l'inconditionné ne saurait se trouver dans les choses en tant que nous les connaissons (qu'elles nous sont données), mais en tant que nous ne les connaissons pas, c'est-à-dire dans les choses en soi, tout cela est la preuve que ce que nous n'avions d'abord admis qu'à titre d'essai est véritablement fondé*. Mais, après avoir refusé à la raison spéculative[1] tout progrès dans le champ du suprasensible[2], il nous reste encore à chercher s'il n'y a pas dans sa connaissance pratique certaines données qui lui permettent de déterminer le concept transcendant[3] de l'inconditionné et de pousser ainsi, conformément au vœu de la métaphysique, notre connaissance *a priori* au-delà de toute expérience possible, mais seulement au point de vue pratique. En procédant comme on vient de voir, la raison spéculative nous a du moins laissé la place libre pour cette extension[4] [de notre connaissance], bien qu'elle n'ait pu la remplir elle-même. Il nous est donc encore permis de la remplir, si nous le pouvons, par ses données pratiques, et elle-même nous y invite**.

1. *Spéculative* signifie : « dans son usage théorique ».

2. *Suprasensible* : « qui dépasse les limites de l'expérience ».

3. Voir **Glossaire** : transcendant, p. 91.

4. Voir **Concepts clés** : la critique, p. 54, et **Grandes thèses** : L'indépendance de la raison pratique, p. 67.

---

* Cette expérimentation de la raison a beaucoup d'analogie avec ce que les *chimistes* nomment souvent essai de *réduction,* et en général *procédé synthétique.* L'analyse du *métaphysicien* divise la connaissance pure *a priori* en deux éléments très différents, celui des choses comme phénomènes et celui des choses en soi. La *dialectique* les réunit de nouveau pour les *accorder* avec l'idée rationnelle et nécessaire de l'*inconditionné,* et elle trouve que cet accord n'est possible que par cette distinction, laquelle par conséquent est la vraie.

** C'est ainsi que les lois centrales des mouvements des corps célestes démontrèrent avec une parfaite certitude ce que *Copernic* n'avait d'abord admis que comme une hypothèse, et prouvèrent en même temps la force invisible qui lie le système du monde (l'attraction *newtonienne),* et qui n'aurait jamais été découverte, si, contrairement au témoignage des sens, mais avec vérité cependant, Copernic n'avait eu l'idée de chercher dans le spectateur des corps célestes, et non dans ces objets eux-mêmes, l'explication des mouvements observés. Quoique le changement de méthode que j'expose dans la critique et qui est analogue à l'hypothèse de Copernic se trouve justifié, dans le traité même, non pas hypothétiquement, mais apodictiquement, par la nature de nos représentations du temps et de l'espace et par les concepts élémentaires de l'entendement, je ne le présente dans cette Préface que comme une hypothèse, afin de faire ressortir le caractère essentiellement hypothétique des premiers essais d'une réforme de ce genre.

§12

C'est dans cette tentative de changer la méthode[1] suivie en métaphysique et d'y opérer ainsi, suivant l'exemple des géomètres et des physiciens, une révolution complète, que consiste l'œuvre de cette critique de la raison pure spéculative. Cette critique est un traité de la méthode[2], et non un système de la science elle-même ; mais elle en décrit pourtant toute la circonscription, et elle en fait connaître à la fois les limites et toute l'organisation intérieure. C'est que la raison spéculative a ceci de particulier qu'elle peut et doit mesurer son pouvoir propre suivant les diverses manières dont elle choisit les objets de sa pensée, faire aussi un dénombrement complet de toutes les façons différentes de se poser des problèmes, et se tracer ainsi tout le plan d'un système de métaphysique[3]. En effet, en ce qui regarde le premier point, rien dans la connaissance *a priori* ne peut être attribué aux objets, que ce que le sujet pensant tire de lui-même ; et, pour ce qui est du second, la raison pure constitue au point de vue des principes de la connaissance, une unité à part et indépendante où, comme dans un corps organisé[4], chaque membre existe pour tous les autres et tous pour chacun, et où aucun principe ne peut être pris pour certain sous *un* point de vue, sans avoir été examiné dans l'*ensemble* de ses rapports à l'usage entier de la raison pure. Aussi la métaphysique a-t-elle ce rare bonheur, qui ne saurait être le partage d'aucune science rationnelle ayant affaire à des objets (car la *logique* ne s'occupe que de la forme de la pensée en général), qu'une fois mise par cette critique dans le sûr chemin de la science, elle peut embrasser complètement tout le champ des connaissances qui relèvent d'elle, achever ainsi son œuvre et l'abandonner à l'usage de la postérité comme une possession qui ne peut plus être augmentée, puisqu'il ne s'agit que de déterminer les principes et les limites de leur usage, et que c'est elle-même qui les détermine. Elle est donc tenue à cette perfection comme science fondamentale[5] et c'est d'elle qu'on doit pouvoir dire :

Nil actum reputans, si quid superesset agendum[6].

1. Voir **Problématiques essentielles** : La crise de la métaphysique, p. 13 ; Le modèle des sciences physiques, p. 17.

2. Voir **Concepts clés** : la critique, p. 54.

3. Voir **Concepts clés** : la critique, p. 54.

4. L'exigence de l'unité du système, comme architecture logique des médiations et des passages entre tous les niveaux de la réflexion, est une constante de la pensée kantienne. La connaissance comme totalité est comparée par Kant à l'organisation des systèmes vivants. Voir *Critique de la faculté de juger* et *CRP*, « l'Architectonique de la raison pure », véritable théorie des systèmes, p. 558.

5. *fondamentale* au sens où elle dégage les conditions (fixes) de possibilité de toute connaissance.

6. « Pensant n'avoir rien fait s'il reste quelque chose à faire. »

§13

Mais quel est donc, demandera-t-on, ce trésor que nous pensons léguer à la postérité dans une métaphysique ainsi épurée par la critique et par elle aussi ramenée à un état fixe ? Un coup d'œil rapide jeté sur cette œuvre donnera d'abord à penser que l'utilité en est toute *négative*, [ou qu'elle sert seulement à nous empêcher] de pousser jamais la raison spéculative au-delà des limites de l'expérience, et c'est là dans le fait sa première utilité. Mais cette utilité apparaîtra *positive*[1] aussi à qui remarquera que les principes sur lesquels s'appuie la raison spéculative pour se hasarder hors de ses limites ont en réalité pour conséquence inévitable non pas l'*extension*, mais, à y regarder de plus près, la *restriction* de l'usage de notre raison. C'est qu'en effet ces principes menacent de tout faire rentrer dans les limites de la sensibilité[2], de laquelle ils relèvent proprement, et de réduire ainsi à néant l'usage pur (pratique)[3] de la raison. Or une critique qui limite la raison dans son usage spéculatif est à cet égard bien *négative*, mais en supprimant du même coup l'obstacle qui en limite l'usage pratique, ou menace même de l'anéantir, elle a une utilité positive de la plus haute importance. [On le reconnaîtra] dès qu'on sera convaincu que la raison pure a un usage pratique absolument nécessaire (l'usage moral), où elle s'étend inévitablement au-delà des bornes de la sensibilité[4] ; car si elle n'a besoin pour cela d'aucun secours de la raison spéculative, elle veut pourtant être assurée contre toute opposition de sa part, afin de ne pas tomber en contradiction avec elle-même. Nier que la critique, en nous rendant ce service, ait une utilité *positive*, reviendrait à dire que la police n'a pas d'utilité positive, parce que sa fonction consiste uniquement à mettre obstacle à la violence que les citoyens pourraient craindre les uns des autres, afin que chacun puisse faire ses affaires tranquillement et en sûreté. Que l'espace et le temps ne soient que des formes de l'intuition sensible[5], et, par conséquent, des conditions de l'existence des choses comme phénomènes ; qu'en outre, nous n'ayons point de concepts de l'entendement, et partant point d'éléments pour la connaissance des choses, sans qu'une intuition correspondante nous soit donnée[6] ; que, par conséquent, nous ne puissions

1. Voir **Concepts clés** : la critique, p. 54.

2. Voir **Grandes thèses** : L'indépendance de la raison pratique, p. 67.

3. Usage pratique. Voir **Concepts clés** : la raison, p. 51, et **Glossaire**, p. 90.

4. Ce qui caractérise la dimension morale, c'est l'indépendance par rapport aux limites de l'expérience. La raison pratique est toujours « pure ». Voir **Concepts clés** : la raison, p. 51, et lire la Préface de la *CRPRA*. Voir **Documents**, Autour de l'œuvre : L'autonomie de la volonté, p. 82.

5. Ce sont les formes *a priori* de la sensibilité, que Kant étudie dans L'esthétique transcendantale (*CRP*, Théorie des éléments, Première partie). Voir **Concepts clés** : l'expérience, p. 53 et **Glossaire** : sensibilité, p. 91.

6. Concernant la « racine » commune entre intuition et concepts, voir **Concepts clés** : l'expérience, p. 53 et lire : « Du schématisme des concepts purs de l'entendement » (*CRP*, p. 150).

connaître aucun objet comme chose en soi, mais seulement en tant qu'objet de l'intuition sensible, c'est-à-dire en tant que phénomène : c'est ce qui sera prouvé dans la partie analytique de la critique[1]. Il en résultera que toute connaissance spéculative de la raison se réduit aux seuls objets de l'*expérience*[2].

§14

Mais, il faut bien le remarquer, il y a ici une réserve à faire c'est que, si nous ne pouvons *connaître* ces objets comme choses en soi, nous pouvons du moins les *penser*[3] comme tels*. Autrement, on arriverait à cette absurde proposition qu'il y a des phénomènes [ou des apparences] sans qu'il n'y ait rien qui apparaisse[4]. Qu'on suppose maintenant que la distinction faite nécessairement par notre critique entre les choses en soi n'ait pas été établie, alors il faut étendre à toutes les choses en général, considérées comme causes efficientes, le principe de causalité et, par conséquent, le mécanisme naturel[5], [comme élément essentiel] de leur détermination. Je ne saurais donc dire du même être, par exemple de l'âme humaine, que sa volonté[6] est libre, et que pourtant il est soumis à la nécessité physique, c'est-à-dire non libre, sans tomber dans une évidente contradiction, puisque, dans les deux propositions, j'ai pris l'âme *dans le même sens,* c'est-à-dire comme chose en général (comme chose en soi), ne pouvant d'ailleurs, sans une critique préalable, la prendre autrement ici. Que si, par contre, la critique ne s'est pas trompée en nous apprenant à prendre l'objet *en deux sens différents,* c'est-à-dire comme phénomène et comme *chose* en soi ; que si sa déduction des concepts de l'entendement est exacte, et si, par conséquent, le principe de causalité ne s'applique aux choses que dans le premier

* Pour *connaître* un objet, il faut pouvoir prouver sa possibilité (soit par le témoignage de l'expérience de sa réalité, soit *a priori* par la raison), mais je puis *penser* ce que je veux, pourvu que je ne tombe pas en contradiction avec moi-même, c'est-à-dire pourvu que mon concept soit une pensée possible, quoique je ne puisse répondre que, dans l'ensemble de toutes les possibilités, un objet corresponde ou non à ce concept. Pour [être en droit] d'attribuer à tel concept une valeur objective (une possibilité réelle, car la première n'est que logique), il faudrait quelque chose de plus. Mais ce quelque chose de plus, il n'est pas besoin de le chercher dans les sources théoriques de la connaissance, il peut bien se rencontrer dans les sources pratiques.

1. Voir **Glossaire** : analyse, p. 88.

2. Voir **Grandes thèses** : L'indépendance de la raison pratique (conséquence de la révolution copernicienne : la finitude de la connaissance humaine), p. 67.

3. Sur l'opposition entre *penser* et *connaître*, voir **Concepts clés** : la raison (usage théorique), p. 51.

4. Sur l'opposition entre phénomènes et choses en soi, voir **Glossaire**, p. 88 et p. 90. L'idéalisme consiste à nier la réalité indépendante des données sensibles et des corps (ainsi l'« idéalisme problématique » de Descartes et l'« idéalisme dogmatique » de Berkeley, selon Kant lui-même, *CRP*, p. 237). Mais l'idéalisme transcendantal n'a pas pour objet l'existence des choses, il vise « la représentation sensible des choses dont l'espace et le temps font tout d'abord partie », et donc si un tel idéalisme déclare la chose inconnaissable en soi, il la maintient à l'horizon de la critique comme supposition nécessaire de l'usage pratique de la raison.

5. Voir **Glossaire** : mécanisme de la nature, p. 89.

6. Voir **Glossaire** : volonté, p. 92.

sens, c'est-à-dire en tant qu'elles sont des objets d'expérience, tandis que, dans le second sens, ces mêmes choses ne lui sont pas soumises, alors la même volonté peut être conçue sans contradiction, d'une part, dans l'ordre des phénomènes (des actions visibles), comme nécessairement soumise à la loi physique et par conséquent comme *non libre,* et d'autre part, en tant qu'appartenant à une chose en soi, comme échappant à cette loi et par conséquent comme *libre*[1]. Or quoique, sous ce dernier point de vue, je ne puisse *connaître* mon âme par la raison spéculative (et moins encore par l'observation empirique), ni par conséquent la liberté comme propriété d'un être auquel j'attribue des effets dans le monde sensible, puisqu'il me faudrait la connaître d'une manière déterminée dans son existence et non cependant dans le temps (chose impossible, car je ne puis [dans ces conditions] appuyer mon concept sur aucune intuition), je puis cependant *penser* la liberté, c'est-à-dire que l'idée n'en contient du moins aucune contradiction, dès que l'on admet notre distinction critique de deux modes de représentation (le sensible et l'intellectuel), ainsi que la limitation qui en découle relativement aux concepts purs de l'entendement, et, par conséquent, aux principes découlant de ces concepts. Admettons maintenant que la morale[2] suppose nécessairement la liberté (dans le sens le plus strict), comme propriété de notre volonté, en posant *a priori* comme *données* de la raison des principes pratiques[3] qui en tirent leur origine, et qui, sans cette supposition de la liberté, seraient absolument impossibles ; admettons aussi que la raison spéculative ait prouvé que la liberté ne se laisse point penser ; il faut alors nécessairement que cette supposition, la supposition morale, cède à celle dont le contraire renferme une évidente contradiction, c'est-à-dire que la *liberté,* et avec elle la moralité (dont le contraire ne renferme pas de contradiction, quand on ne suppose pas préalablement la liberté) cèdent la place au *mécanisme de la nature.* Mais comme il me suffit, au point de vue de la morale, que la liberté ne soit point contradictoire en elle-même et que par conséquent elle puisse du moins être pensée ; comme aussi, dès qu'elle ne fait point obstacle au mécanisme naturel de la même action (prise en un autre sens), il n'est pas besoin d'en avoir une connaissance plus étendue, la morale peut garder sa position pendant que la physique conserve la

1. Dans la *CRP*, Kant parlera surtout de ce que l'on pourrait appeler « liberté cosmologique ». Elle est déterminée à la fois, négativement, comme affranchissement des lois de la nature, et, positivement, comme spontanéité absolue. Mais c'est la *CRPRA* qui développe l'analyse systématique de l'idée de liberté. Kant opère ici la célèbre distinction qui est à la base de tout le système critique : en tant que phénomène, l'homme est déterminé dans son activité par les lois naturelles, mais comme « chose en soi », c'est-à-dire selon son caractère d'être soumis à la seule détermination de sa volonté, il est indépendant de la causalité naturelle et il devient ainsi à lui-même sa propre causalité.

2. Voir **Concepts clés** : la raison (usage pratique), p. 50, et **Glossaire**, p. 90.

3. « Ce sont des propositions renfermant une détermination de la volonté » qui peuvent devenir des lois pratiques, « quand la condition est reconnue comme objective, c'est-à-dire valable pour la volonté de tout être raisonnable », *CRPRA*, p. 17. La volonté, comme faculté d'agir selon la représentation des lois, est libre, car elle ne se détermine que par des lois qu'elle se donne elle-même.

sienne[1]. C'est ce qui n'aurait pas eu lieu, si la critique ne nous avait pas instruits préalablement de notre inévitable ignorance relativement aux choses en soi, et si elle n'avait pas borné à de simples phénomènes toute notre *connaissance* théorique. On peut encore montrer cette utilité des principes critiques de la raison pure en envisageant les concepts de *Dieu* et de la *simplicité* de notre *âme*, mais je laisse cela de côté pour être court. Je ne saurais donc *admettre Dieu*, la *liberté* et l'*immortalité*[2] selon le besoin qu'en a ma raison dans son usage pratique nécessaire, sans *repousser* en même temps les prétentions de la raison pure à des vues transcendantes[3], car, pour atteindre à ces vues, il lui faut se servir de principes qui ne s'étendent en réalité qu'à des objets de l'expérience possible et qui, si on les applique à une chose qui ne peut être objet d'une expérience, la transforment réellement et toujours en phénomène, et déclarent ainsi impossible toute *extension pratique* de la raison pure. J'ai donc dû supprimer le *savoir* pour lui substituer la *croyance*[4]. Le *dogmatisme*[5] de la métaphysique, ce préjugé qui consiste à vouloir avancer dans cette science sans commencer par une critique de la raison pure, voilà la véritable source de toute cette incrédulité qui s'oppose à la morale, et qui elle-même est toujours très dogmatique. – Si donc il n'est pas impossible de léguer à la postérité une métaphysique systématique[6] construite sur le plan de la critique de la raison pure, ce n'est pas un présent de peu de valeur à lui faire ; soit que l'on songe simplement à la culture que la raison peut recevoir en général en entrant dans les voies certaines de la science, au lieu de tâtonner dans le vide et de se livrer à de vaines divagations [comme elle le fait] en l'absence de la critique ; soit qu'on cherche un meilleur emploi du temps pour une jeunesse avide de savoir, que le dogmatisme ordinaire encourage de si bonne heure et si fortement à raisonner à perte de vue sur des choses où elle n'entend rien et où elle n'entendra jamais rien, non plus que personne au monde, ou à négliger l'étude des sciences solides pour courir à la recherche de pensées et d'opinions nouvelles ; soit surtout qu'on tienne compte de l'inappréciable avantage d'en finir une bonne fois avec toutes les objections dirigées contre la moralité et la religion[7], en suivant la méthode de *Socrate*[8], c'est-à-dire en démontrant clairement l'ignorance des adversaires. En effet, il y a toujours eu et il y aura toujours une métaphy-

1. Voir **Grandes thèses** : L'indépendance de la raison pratique, p. 67.

2. Voir **Concepts clés** : la raison dans son usage pratique, p. 51. Voir **Documents** : Autour de l'œuvre, texte de Kant, Les postulats de la raison pratique, p. 83.

3 Voir **Glossaire** : transcendant, p 91.

4. Sur la différence de traduction entre Barni et Tremesaygues-Pacaud, G. Pascal *(Pour connaître la pensée de Kant,* p. 195) propose la lecture suivante : « Selon que l'on considère l'esprit critique et positif de Kant ou son idéalisme moral, On pourra traduire de deux façons la phrase célèbre de la Préface de la 2e édition de la *CRP.* Barni traduit. "J'ai dû supprimer le savoir pour lui substituer la croyance", ce qui implique un regret de ne pas savoir et l'acceptation de la croyance comme d'un pis-aller. Tremesaygues-Pacaud traduisent. "Je dus abolir le savoir afin d'obtenir une place pour la croyance", ce qui implique que croire est au-dessus de savoir. Les deux traductions sont également bonnes [...]. »

5. Voir **Problématiques essentielles** : La crise de la métaphysique, p. 13, et **Glossaire** : dogmatisme, p. 89.

6. Voir **Concepts clés** : la critique, p. 54.

7. Le refus de croire au nom du savoir « exact ».

8. L'ironie.

sique dans le monde mais toujours aussi on verra s'élever à côté d'elle une dialectique[1] de la raison pure car celle-ci lui est naturelle. La première et la plus importante affaire de la philosophie est donc d'enlever une fois pour toutes à cette dialectique toute pernicieuse influence en détruisant la source [même] des erreurs.

§15

En cette importante réforme dans le champ des sciences, et malgré le *préjudice* qu'en doit éprouver la raison spéculative dans les possessions qu'elle s'était attribuées jusque-là, l'intérêt général de l'humanité [n'en est pas affecté], et l'utilité que le monde avait retirée jusqu'ici des doctrines de la raison pure reste la même qu'auparavant ; il n'y a que le *monopole des écoles* qui en souffre, et nullement les *intérêts humains.* Je demande au plus obstiné dogmatique si la preuve de la permanence de notre âme après la mort qui se tire de la substance ; si celle de la liberté de la volonté que l'on oppose au mécanisme universel en se fondant sur les distinctions subtiles, mais impuissantes, de la nécessité pratique subjective et objective ; si la démonstration de l'existence de Dieu qui se tire du concept d'un être souverainement réel (de la contingence des choses changeantes, et de la nécessité d'un premier moteur)[2], [je lui demande] si toutes ces preuves, nées dans les écoles, ont jamais pu arriver jusqu'au public et exercer la moindre influence sur ses convictions. Or si cela n'est jamais arrivé, et si l'on ne peut espérer que cela arrive jamais, à cause de l'incapacité de l'intelligence ordinaire des hommes pour d'aussi subtiles spéculations[3] ; si au contraire, sur le premier point, cette remarquable disposition naturelle à tout homme, qui fait que rien de temporel ne saurait le satisfaire (parce que ne suffisant pas aux besoins de sa destinée complète), peut seule faire naître l'espérance d'une *vie future* ; si, sur le second point, la claire représentation de nos devoirs, en opposition à toutes les exigences de nos penchants, nous donne seule la conscience de notre *liberté* ; si enfin, sur le troisième, l'ordre magnifique, la beauté et la prévoyance qui éclatent de toutes parts dans la nature sont seuls capables de produire la croyance en un sage et puissant *auteur du monde,* et une conviction fondée sur des principes ration-

1. Un usage transcendant de la raison qui, dans sa recherche de l'inconditionné, produit des illusions de savoirs.
2. Cette liste correspond aux objets d'étude traditionnels de la métaphysique. Dépassant les limites de l'expérience, ils restent inconnaissables en eux-mêmes, mais nous pouvons les « penser » selon une conviction subjective reposant sur le fait même de l'existence de la conscience morale du sujet.
3. Liberté, immortalité de l'âme et existence de Dieu sont les trois postulats de la raison pratique. « Il importe au contraire de situer sur des plans différents les affirmations de la science et celles de la métaphysique, de dénoncer les prétentions dogmatiques à vouloir prouver l'âme ou Dieu par des méthodes analogues à celle des sciences. Ainsi, nos croyances seront mises à l'abri des discussions d'école et nous pourrons retrouver une conviction que la Providence et la Nature assurent suffisamment. Le cœur de l'homme contient en ce domaine, tout ce qui est requis pour parvenir à la vérité. » F. Alquié, *Critique kantienne de la métaphysique*, pp. 22-23. Voir **Grandes thèses** : L'indépendance de la raison pratique, p. 67.

nels et susceptible de pénétrer dans le public, alors seulement le domaine de la raison demeure intact, mais elle gagne en considération par cela seul qu'elle instruit les écoles à ne plus prétendre, sur une question qui touche à l'intérêt général de l'humanité, à des vues plus élevées et plus étendues que celles auxquelles peut facilement arriver le grand nombre (lequel est parfaitement digne de notre estime[1]), et à se borner ainsi à la culture de ces preuves que tout le monde peut comprendre et qui suffisent au point de vue moral. Notre réforme n'atteint donc que les prétentions arrogantes des écoles, qui se donnent volontiers (comme elles le font à bon droit sur beaucoup d'autres points) pour les seuls juges compétents et les seuls dépositaires de ces vérités, et qui, s'en réservant la clef pour elles-mêmes, n'en communiquent au public que l'usage *(quod mecum nescit, solus vult scire videri*[2]*)*.

Cependant nous n'avons pas cessé d'avoir égard aux prétentions des philosophes spéculatifs. Ils restent les dépositaires exclusifs d'une science très utile au public, quoique à son insu, c'est-à-dire de la critique de la raison. Cette science ne peut jamais devenir populaire, mais il n'est pas nécessaire non plus qu'elle le soit ; car, si les arguments finement tissés qui se donnent pour d'utiles vérités n'entrent guère dans la tête du peuple, les objections tout aussi subtiles qu'ils soulèvent n'entrent pas mieux dans son esprit. Mais comme l'École[3] et tous ceux qui s'élèvent à la spéculation tombent inévitablement dans ce double inconvénient, la critique est obligée de prévenir une fois pour toutes, par la recherche approfondie des droits de la raison spéculative, le scandale que doivent causer tôt ou tard, même dans le peuple, les disputes où s'engagent inévitablement les physiciens (et, comme tels aussi, les théologiens), et qui finissent par fausser leurs doctrines mêmes. La critique peut seule couper les racines du *matérialisme*, du *fatalisme*, de l'*athéisme*, de l'*incrédulité* des esprits forts, du *fanatisme* et de la *superstition*, ces fléaux qui peuvent devenir nuisibles à tous, comme aussi de l'*idéalisme* et du *scepticisme*[4], qui [du moins] ne sont guère dangereux qu'aux écoles et pénètrent difficilement dans le public. Si les gouvernements jugeaient à propos de se mêler des affaires des savants[5], ils feraient beaucoup plus sagement, dans leur sollicitude pour les sciences aussi bien que pour les hommes, de favoriser la liberté d'une critique qui seule est capable d'établir sur

1. Kant affirme avoir appris de Rousseau (de l'*Émile*) à respecter le peuple : la conscience morale est en tout homme, et la vertu ne dépend pas de la science. Lire la Chronologie (1762) de Kant, La Pléiade, t I. Voir **Documents**, Autour de l'œuvre : Rousseau, p. 77.

2. « Ce qu'il ignore avec moi, il veut paraître être seul à le savoir. »

3. Il s'agit ici de l'enseignement universitaire, imprégné de scolastique, et emblème de la métaphysique dogmatique. Voir **Problématiques essentielles** : La crise de la métaphysique (la métaphysique en Allemagne), p. 13.

4. Si idéalisme et scepticisme sont surtout dangereux dans les « écoles » dont Kant parlait plus haut, les autres « fléaux » qu'il énumère ici sont potentiellement dangereux pour tous les esprits. Ils relèvent de cette spirale du dogmatisme et du scepticisme qui produit la haine de la raison. On voit clairement ainsi l'originalité et la pertinence d'une critique kantienne qui, seule capable de s'opposer à la fois au dogmatisme, au scepticisme et à la superstition, est donc aussi seule à même de pouvoir sauver la croyance.

5. Sur les rapports entre l'État et les savants selon Kant, lire *Qu'est-ce que s'orienter dans la pensée ?* et *Qu'est-ce que les Lumières ?*

une base solide les travaux de la raison, que de soutenir le ridicule despotisme des écoles, toujours prêtes à dénoncer à grands cris un danger public, quand on déchire leurs toiles d'araignée, dont le public n'a jamais entendu parler et dont il ne peut pas même, par conséquent, sentir la perte.

§16

La critique ne s'oppose point à ce que la raison suive une *méthode dogmatique*[1] dans sa connaissance pure, [considérée] comme science (car la science ne peut pas ne pas être dogmatique, c'est-à-dire strictement démonstrative en vertu de principes *a priori* certains) ; mais elle est opposée au *dogmatisme*[2], c'est-à-dire à la prétention d'aller de l'avant avec [le seul secours d'] une connaissance pure (la connaissance philosophique), tirée de certains concepts à l'aide de principes tels que ceux que la raison emploie depuis longtemps, sans avoir recherché comment et de quel droit elle y est arrivée. Le dogmatisme est donc la raison pure suivant une méthode dogmatique sans avoir soumis sa puissance propre à une critique préalable. Il ne s'agit donc pas ici, en combattant [le dogmatisme], de plaider la cause de cette stérilité verbeuse qui usurpe le nom de popularité[3], non plus que celle du scepticisme, qui condamne toute la métaphysique sans l'entendre. La critique est plutôt la préparation indispensable à l'établissement d'une métaphysique solide [et fondée] comme science, qui doit être nécessairement traitée d'une manière dogmatique, avec un caractère systématique qui satisfasse aux plus sévères exigences, et, par conséquent, sous une forme scolastique (et non populaire) ; ce sont là des conditions auxquelles cette science ne saurait se soustraire, puisqu'elle s'engage à accomplir son œuvre tout à fait *a priori,* et, par conséquent, à l'entière satisfaction de la raison spéculative. Dans l'exécution du plan tracé par la critique, c'est-à-dire dans le système futur de la métaphysique, nous devrons suivre un jour la méthode sévère de l'illustre Wolff[4], le plus grand de tous les philosophes dogmatiques, qui, le premier, (et c'est par cet exemple qu'il a créé en Allemagne cet esprit de profondeur qui n'est pas encore éteint), montra comment, en établissant régulièrement

1. Voir **Glossaire** : dogmatisme, p. 89.

2. Voir **Glossaire** : dogmatisme, p. 89.

3. Courant philosophique en Allemagne au XVIIIe siècle, qui dénigre les systèmes et l'usage de concepts techniques en philosophie. Lire *Histoire de la philosophie*, t. II, La Pléiade.

4. Voir **Glossaire des auteurs** : Wolff, p. 95. À propos de Wolff et de son influence sur toute la philosophie allemande, voir G. Tonelli : « La philosophie allemande de Leibniz à Kant », *Histoire de la philosophie, La* Pléiade, t. II, p. 728. Sur le rapport de Kant à Wolff, du point de vue de la méthode métaphysique, voir Kant, *Les Progrès de la métaphysique en Allemagne depuis Leibniz et Wolff*, Vrin, 1973.

les principes, en déterminant clairement les concepts, en cherchant l'absolue rigueur des démonstrations, en évitant les sauts téméraires dans les conséquences, on entre dans les voies sûres de la science. Il était par là même supérieurement doué pour donner à la métaphysique le caractère d'une science, s'il avait eu l'idée de se préparer le terrain par la critique de l'instrument, c'est-à-dire de la raison pure elle-même. Mais ce défaut lui doit être moins imputé qu'à la façon dogmatique de penser de son siècle[1], et, à cet égard, les philosophes, ses contemporains aussi bien que ses devanciers, n'ont rien à se reprocher les uns aux autres. Ceux qui rejettent sa méthode et, du même coup, celle de la critique de la raison pure, ne peuvent avoir d'autre but que de se débarrasser des liens de la *science,* et de convertir le travail en jeu, la certitude en opinion, la philosophie en philodoxie[2].

1. Voir **Problématiques essentielles** : La crise de la métaphysique, p. 13.

2. L'amour de l'opinion.

§17

Pour ce qui est de cette seconde édition[3], je n'ai pas voulu, comme de juste, négliger l'occasion qu'elle m'offrait de faire disparaître, autant que possible, les difficultés et les obscurités qui, peut-être bien par ma faute, ont pu donner lieu à certains malentendus dans l'appréciation que des hommes pénétrants ont faite de ce livre. Je n'ai rien trouvé à changer dans les propositions mêmes et dans leurs preuves, non plus que dans la forme et dans l'ensemble du plan ; ce qui s'explique en partie par le long examen auquel j'avais soumis mon œuvre avant de la livrer au public, en partie par la nature même du sujet, c'est-à-dire par la nature d'une raison spéculative où l'on trouve une véritable organisation[4], où tout est organe, où tout existe pour chaque membre et chaque membre pour le tout, et où, par conséquent, il n'y a pas de vice si léger, soit faute (erreur) ou omission, qui ne se trahisse inévitablement dans l'usage. Ce système conservera désormais, je l'espère, cette invariable fixité[5]. Ce qui me donne cette confiance, ce n'est point une vaine présomption, mais l'évidence que produit en fin de compte l'expérimentation du résultat, soit qu'on s'élève des derniers éléments à l'ensemble de la raison pure, soit qu'on redescende de l'ensemble à chaque partie (car cet ensemble ressort par lui-même du but final de la raison dans le domaine pratique) ; tandis que, si l'on

3. Sur le sens de ce passage, voir **Brève histoire de l'œuvre**, p. 10.

4. Voir **Concepts clés** : la critique (elle établit le système de la raison pure), p. 54.

5. Voir note 4, p. 37.

1. Pour les difficultés occasionnées par l'esthétique, la déduction, et les paralogismes, voir **Brève histoire de l'œuvre**, p. 10.

essaie d'y changer la moindre chose, il en résulte des contradictions, non seulement dans le système, mais pour la raison humaine commune. Mais dans l'*exposition* il y a encore beaucoup à faire, et je me suis efforcé de corriger cette édition de manière à dissiper soit le malentendu auquel a donné lieu l'esthétique[1], surtout dans le concept du temps, soit l'obscurité de la déduction des concepts de l'entendement, soit le prétendu défaut d'évidence dans les preuves des principes de l'entendement pur, soit enfin la fausse interprétation des paralogismes de la psychologie rationnelle. Mes corrections dans la rédaction* ne s'étendent pas plus loin (c'est-à-dire jusqu'à la fin du premier chapitre de la dialectique transcendantale). Le temps m'a manqué, et d'ailleurs je ne sache pas qu'aucun juge compétent et impartial se soit mépris sur le reste. Je n'ai pas besoin de nommer avec les éloges qu'ils méritent ceux dont j'ai pris les avis en considération ; ils trouveront bien d'eux-mêmes les endroits que j'ai retouchés d'après leurs conseils. Mais les corrections que j'ai dû faire ont entraîné pour le lecteur un léger dommage, qu'il n'était pas possible d'éviter sans rendre le livre trop volumineux. Plus d'un lecteur, en effet, pourra regretter divers passages qu'il a fallu ou supprimer ou raccourcir, pour faire place à une exposition maintenant plus claire, je l'espère du moins, et qui, sans être essentiels à l'intégrité de l'ensemble, pouvaient cependant avoir leur utilité à un autre point de vue. Cette nouvelle exposition ne change rien quant au fond dans les propositions et leurs démonstrations mêmes, mais elle s'écarte trop çà et là de l'ancienne, dans la manière de pré-

* La seule addition véritable que je pourrais citer, et encore ne s'agit-il que du mode de démonstration, est celle où j'ai fait (p. 275 [a]) une nouvelle réfutation de l'*idéalisme* psychologique et en même temps une preuve rigoureuse (la seule aussi que je croie possible) de la réalité objective de l'intuition extérieure. Quelque inoffensif que l'idéalisme puisse paraître relativement au but essentiel de la métaphysique (et en réalité il ne l'est pas), toujours est-ce un scandale pour la philosophie et pour la raison humaine commune, qu'on ne puisse admettre qu'à titre de *croyance* l'existence des choses extérieures (d'où nous tirons pourtant toute la matière de nos connaissances, même pour notre sens intime), et que s'il plaît à quelqu'un de le mettre en doute, nous n'ayons point de preuve suffisante à lui opposer. Comme il y a quelque obscurité dans l'exposition de cette preuve, de la troisième ligne à la sixième, je prie qu'on veuille bien modifier cette période : ... [b]

a) De la première édition.

b) Je renvoie le reste de la note, c'est-à-dire la correction proposée par Kant et les nouvelles explications qu'il y joint, à l'endroit de son ouvrage auquel elles se rapportent et où elles seront beaucoup mieux à leur place. (N.A.)

senter les choses, pour qu'il ait été possible de l'y intercaler. Mais ce léger dommage, que chacun d'ailleurs peut réparer s'il le veut, en rapprochant les deux éditions, est compensé, je l'espère, par une clarté beaucoup plus grande. J'ai remarqué avec un plaisir reconnaissant, dans divers écrits récemment publiés (soit à l'occasion de l'examen de certains livres, soit dans des traités spéciaux), que l'esprit de profondeur n'est pas mort en Allemagne, mais qu'il a été seulement étouffé pendant quelque temps par la mode d'une liberté de pensée posant au génie, et que les épines qui couvrent les sentiers de la critique n'ont nullement empêché les esprits courageux et avides de clarté de s'engager dans une voie qui conduit à une science de la raison pure, scolastique il est vrai, mais durable à ce titre même, et partant de la plus haute nécessité. Il y a des hommes de mérite qui, à la profondeur des vues, ont le bonheur de joindre le talent d'une exposition lumineuse (dont je ne me sens pas capable) ; je leur laisse le soin de mettre la dernière main à mon œuvre, pour y corriger ce qu'elle peut encore avoir çà et là de défectueux à cet égard. Car le danger n'est pas ici d'être contredit, mais de n'être pas compris. De mon côté, je ne puis m'engager désormais à descendre dans toutes les discussions [que cette œuvre pourra soulever], mais je ferai soigneusement attention à tous les avis, qu'ils viennent d'amis ou d'adversaires, afin de les mettre à profit dans l'exécution du système qui doit suivre cette propédeutique. Comme, en me livrant à ces travaux, je suis arrivé à un âge très avancé (j'entre ce mois-ci dans ma soixante-quatrième année), je dois être économe de mon temps, si je veux exécuter le plan que j'ai formé, de publier la métaphysique de la nature ainsi que celle des mœurs[1], afin de confirmer l'exactitude de la critique de la raison spéculative aussi bien que pratique. J'abandonnerai donc l'éclaircissement des difficultés qu'il n'était guère possible d'éviter d'abord dans une œuvre de ce genre, ainsi que la défense de l'ensemble, aux hommes de mérite qui en ont fait leur affaire. Tout traité philosophique est vulnérable d'un certain côté (car il ne saurait être aussi bien cuirassé [et protégé] dans sa marche qu'un traité mathématique) bien que l'organisation du système, considéré dans son unité, ne coure pas le moindre danger. C'est que, lorsqu'il est nouveau, peu d'esprits sont capables d'en embrasser l'ensemble, et un plus petit nombre encore d'y trouver du plaisir, toute nouveauté leur étant importune. Aussi n'y

1. Sur le lien entre critique et métaphysique, voir **Concepts clés** : la critique, p. 54.

a-t-il pas d'écrit, surtout d'allure libre, où, en rapprochant certains passages détachés de l'ensemble, on ne puisse faire apparaître des contradictions, contradictions qui jettent sur lui un jour défavorable aux yeux de quiconque ne juge que d'après autrui tandis que, pour qui s'est élevé à l'idée de l'ensemble, elles sont faciles à résoudre. Mais lorsqu'une théorie a quelque solidité, l'action et la réaction qui semblaient d'abord la menacer des plus grands dangers, ne servent avec le temps qu'à en faire disparaître les inégalités, et, si des esprits impartiaux, lumineux et amis de la vraie popularité s'en occupent, à lui donner aussi bientôt toute l'élégance désirable.

Königsberg, avril 1787.

La Maison de Kant à Königsberg

Dossier

Concepts clés

la science

Dans la Seconde Préface, ce terme a un sens large puis un sens restreint.

• Au sens large, il désigne l'idéal que poursuit toute connaissance théorique :
– la pensée méthodique sachant déterminer son but et les moyens adaptés pour son investigation ;
– la pensée certaine capable de produire des jugements contrôlables ;
– la pensée universelle pouvant emporter l'adhésion des esprits.
Kant formule cet idéal par analogie avec la capacité de s'orienter : la science, c'est la raison quand elle sait où elle va, comment y aller et comment faire emprunter les voies qu'elle a dégagées. Ainsi, science et tâtonnement constituent les deux pôles opposés pour une étude.
Or, la métaphysique, pour Kant, n'est pas encore entrée dans la « voie » de la science. Il y règne l'« embarras » propre au tâtonnement : des contradictions à l'intérieur des théories, et des polémiques entre les philosophes.
Ce qui signifie que l'idéal scientifique est à la fois de l'ordre du réel et de l'ordre du possible. De l'ordre du réel, car il existe **de fait** des disciplines qui ont réussi à devenir des sciences : la logique, les mathématiques, la physique. De l'ordre du possible car, pour d'autres, la valeur scientifique reste un horizon.
Le progrès dans la « voie royale » de la science représente l'accomplissement de la raison théorique : la capacité à constituer la connaissance comme « système », c'est-à-dire comme tout ordonné.

• Au sens restreint, le terme de science désigne l'ensemble des disciplines qui cherchent à déterminer théoriquement des « objets » de l'expérience.
Ainsi, la logique, qui porte sur la « forme » de l'entendement, n'est pas une « science » d'après Kant, mais le « vestibule » des sciences. Car elle a pour tâche d'établir les conditions de validité des propositions, de même que la grammaire porte sur la simple forme de la langue et non sur sa « matière » (les mots). En revanche, les mathématiques sont bien une science : elles portent sur les formes *a priori* de la sensibilité, l'espace et le temps.
Le terme « objet » n'est donc pas à prendre dans une acception purement empirique : il désigne tout ce qui est représenté dans une « intuition » mais aussi les conditions qui rendent possible une intuition.
Or, ce qui caractérise les sciences, c'est leur capacité à déterminer *a priori* leur objet : elles énoncent des jugements synthétiques *a priori*. Synthétiques, car

elles attribuent à un sujet des qualités qui n'étaient pas contenues dans son simple concept (la connaissance « ajoute » quelque chose). *A priori*, car les relations dégagées ont une dimension universelle et nécessaire qui va bien au-delà de ce que l'expérience enseigne.
C'est donc avec la science, dans ce sens restreint, que se pose le problème de la vérité : quelles sont les conditions de possibilité de l'accord entre nos concepts et les objets de l'intuition ?
Ainsi, c'est la réflexion sur le pouvoir des sciences à déterminer leur objet qui conduira Kant à l'élaboration de la notion de phénomène.

la raison

La raison est une faculté de l'homme qui se manifeste, d'une part dans la capacité de produire des connaissances, et d'autre part dans la capacité de produire des actions. Kant nous dit en effet qu'elle a un « usage théorique » et un « usage pratique ». Néanmoins, sous ces deux usages différents, l'unité de cette faculté réside dans son pouvoir de représentation *a priori*.

C'est de ce point de vue que, dans de nombreux textes de Kant, raison et sens sont opposés, ainsi que raison et instinct (par exemple dans *Idée d'une histoire universelle au point de vue cosmopolitique*). Ce qui indique la présence de la raison dans le monde humain, c'est en effet l'indépendance de théories capables d'en dire beaucoup plus que ce que les sens nous montrent et, par ailleurs, l'indépendance des actions par rapport aux déterminismes naturels du comportement. La raison est, dans son usage théorique comme dans son usage pratique, « faculté des principes ». Kant emprunte au registre politique l'image susceptible de donner à penser le pouvoir de la raison : elle « commande ». Ce sont des principes qui permettent de « déterminer » les phénomènes, et ce sont aussi des principes qui nous permettent de « réaliser » des actions qui ne dépendent que de notre volonté. Ainsi, de par la spontanéité et la causalité de ses représentations, la raison est définie comme faculté supérieure qui distingue l'homme des animaux : elle renvoie à notre nature « suprasensible ». Mais, du fait de notre double nature (sensible et intelligible), la raison connaît aussi en nous des obstacles, tant sur le plan théorique que sur le plan pratique. Ce qui explique que, tout en étant une faculté, elle est aussi une disposition susceptible de progrès.

• Dans son usage théorique

Le terme de raison est parfois, comme dans la Seconde Préface, au sujet de Galilée, identifié à celui d'entendement et parfois, au contraire, soigneusement distingué de celui-ci. Identifiée à l'entendement, la raison signifie la capacité de produire spontanément et *a priori* des concepts qui permettront d'unifier le divers de l'expérience et la connaissance des phénomènes («Celle-ci doit se présenter à la nature tenant d'une main ses principes, qui seuls peuvent donner à des phénomènes concordants l'autorité de lois [...] », § 8, p. 32). Distinguée de l'entendement, elle est définie comme « faculté des principes », alors que l'entendement est « faculté des règles » : son activité ne s'exerce alors jamais sur des objets de l'expérience, mais sur l'entendement lui-même dont elle tente de subsumer les règles sous des principes plus généraux. La raison, par rapport à l'entendement, apparaît bien comme cette faculté qui nous pousse à remonter à l'inconditionné. Cette remontée est à la base de tout raisonnement (usage formel) : la raison est « faculté de raisonner médiatement ». Mais elle est aussi le point de départ de la production d'idées (usage transcendantal) : « Un concept tiré de notions et qui dépasse la possibilité de l'expérience est l'*idée* ou concept rationnel » (*CRP*, p. 266). Ainsi, contrairement à l'entendement, la raison peut dépasser les limites de l'expérience : ce qui est à l'origine de la distinction entre penser et connaître. Cette distinction est nécessaire pour envisager la dimension pratique (il suffit de penser la liberté), mais aussi pour comprendre que la raison est non seulement une faculté de connaissance mais aussi le siège d'illusions inévitables. C'est la « dialectique » de la raison théorique qui justifie la nécessité d'une « critique » de la raison. Cette dialectique nous renvoie à l'usage transcendant de la raison. Identifiés ou séparés, raison et entendement sont en fait les deux « paliers » du pouvoir *a priori* de représentation : pouvoir qui rend possible la détermination des phénomènes, pouvoir qui nous conduit au-delà de l'expérience, sous une forme négative du point de vue théorique, mais sous une forme positive du point de vue pratique.

• Dans son usage pratique

La raison se manifeste dans l'autonomie de la volonté par rapport aux impératifs toujours conditionnels de nos penchants ou de nos intérêts. La raison pratique se fonde sur le pouvoir pur de la raison : cette pureté est celle du devoir (loi ou impératif catégorique) que nous pouvons prendre comme détermination de notre volonté. La raison désigne alors cette capacité de l'universel qui nous élève au-dessus des limites de l'expérience : « Agis de telle sorte que la maxime de ta volonté puisse toujours valoir comme principe d'une législation universelle » (*CRPRA*, p. 30). La raison pratique nous renvoie par conséquent à notre nature suprasensible : celle qui fait de nous un sujet doué de causalité et non un « objet » mécaniquement affecté (c'est le principe de l'opposition entre morale et nature). Ainsi, cette capacité de l'universel confère une valeur morale à nos actions et tisse entre les consciences humaines cette unité qui est au fondement de notre humanité et de notre dignité. C'est à ce titre que, par exemple, nous bannirons le mensonge du point de vue moral, car nous faisons exception pour nous, quand nous mentons, de ce que nous ne pouvons pas attendre des autres envers nous. L'usage pratique de la raison nous fait donc toucher à l'absolu : le domaine moral n'est pas du tout le domaine du relatif pour Kant. La relativité constitue au contraire « la mort de la morale », dit-il dans *Théorie et pratique*. Cet usage est, par ailleurs, indépendant de l'usage théorique : il ne trouve pas son objectivité dans l'expérience mais dans une liberté « postulée » et indispensable pour rendre compte du « fait » de la conscience morale (le principe du devoir) : « cette idée se manifeste par la loi morale » (*CRPRA*, p. 2). C'est l'origine de la distinction entre savoir et croire de la Seconde Préface. De même, dans son exercice, la raison pratique postulera l'immortalité de l'âme et l'existence de Dieu. Kant veut donc nous enseigner que nous ne pouvons pas rejeter comme faux ce qui, dans la morale et la religion, est un « problème » pour la raison spéculative. C'est, selon lui, le principe de l'utilité positive de la critique.

l'expérience

Dans l'esprit de Kant, ce terme a le mérite d'indiquer deux aspects, moins explicites dans la notion de « perception » : l'expérience, certes, désigne ce que nous connaissons par nos sens, mais aussi et surtout les conditions qui rendent possible une telle connaissance. L'expérience renvoie donc au rôle du sujet là où on l'attendait le moins, c'est-à-dire dans la réceptivité.

D'une part, Kant définit la notion d'expérience comme une des deux sources de la connaissance avec l'entendement : « Mais si toute notre connaissance débute AVEC l'expérience, cela ne prouve pas qu'elle dérive toute DE l'expérience » (Introduction à la 2e édition de la *CRP*, p. 31). La notion d'expérience se confond ici avec celle de sensibilité : « La capacité de recevoir (réceptivité) des représentations grâce à la manière dont nous sommes affectés par les objets » (*CRP*, p. 53). Contre Leibniz, et dès sa *Dissertation de 1770*, Kant a établi que la sensibilité est une source de connaissance distincte de l'entendement.

Mais, d'autre part, d'un point de vue plus transcendantal, Kant affirme que ce qui nous permet de « recevoir » des impressions sensibles, ce sont tout d'abord les formes *a priori* de la sensibilité qui sont en nous (l'espace et le temps), et par ailleurs la synthèse opérée par les fonctions de l'entendement sur le divers de l'intuition qui est donné, pour en faire l'objet possible d'une représentation. Car, s'il faut pouvoir recevoir des données, il faut aussi pouvoir les penser comme présentes en nous : ce qui suppose une activité d'unification sous une conscience (l'aperception). Ainsi, l'expérience est une réalité ordonnée par l'entendement, pour pouvoir être l'objet d'une représentation : « [...] il se pourrait bien que même notre connaissance par expérience fût un composé de ce que nous recevons des impressions sensibles et de ce que notre propre pouvoir de connaître [...] produit de lui-même » (Introduction à la 2e édition de la *CRP*, p. 31) ; « l'expérience elle-même est un mode de connaissance qui exige le concours de l'entendement » (Seconde Préface, § 10, p. 34). Par analogie, on retrouve cette élaboration des données sensibles sous les concepts, comme condition de la connaissance sensible, dans ce que Galilée appelle une « expérience ». Elle est le fondement d'une lecture mathématique de la nature.

C'est en effet ce qui permet à l'expérience d'être déterminable *a priori*, mais c'est aussi ce qui explique que l'expérience ne nous fait connaître que des phénomènes et non des choses en soi. C'est le principe de la « révolution copernicienne » dans la théorie de la connaissance. Intuitions et concepts, tout en étant hétérogènes, se déterminent réciproquement : ce qui est perçu se laisse appréhender sous nos catégories logiques, et ce qui est conçu se laisse appliquer dans les faits. Le principe qui rend possibles des intuitions est aussi celui qui rend possibles des connaissances. Tant qu'une discipline s'en tient aux limites de l'expérience, ses concepts peuvent avoir de l'objectivité, du fait de cette racine commune entre intuition et concept. Cette racine est analysée dans l'Analytique des concepts (Déduction des concepts purs de l'entendement) et dans l'Analytique des principes (la théorie du schématisme transcendantal).

L'expérience représente la réalité « pour nous » : nous avons en nous les principes qui nous permettent de la connaître objectivement. Mais elle s'oppose à l'idée d'une réalité en soi : la notion de l'expérience chez Kant renvoie au thème de la finitude de la connaissance théorique. La raison ne peut que « penser » cette « chose en soi » (indépendante de nos conditions subjectives de représentation) comme « fondement » inconditionné de toute représentation.

Le terme d'expérience désigne donc la synthèse entre le réalisme et l'idéalisme transcendantal au cœur de la théorie kantienne de la connaissance.

la critique

C'est la solution que Kant a élaborée pour traiter de manière radicale le problème de la métaphysique.

Ce problème est celui de la raison pure : la métaphysique croit pouvoir avancer dans la connaissance en « s'élev[ant] entièrement au-dessus des leçons de l'expérience, en ne s'appuyant que sur de simples concepts [et non en appliquant comme les mathématiques ces concepts à l'intuition »] (Seconde Préface, § 9, p. 32). C'est une connaissance « où, par conséquent, la raison doit être son propre élève » (*ibid.*). N'ayant plus aucun appui ni aucun contrôle dans l'intuition, la métaphysique produit des propositions antithétiques (« disputes ») indécidables du point de vue de la vérité, et donne ainsi le triste spectacle d'un « terrain où se livrent ces combats sans fin » (Première Préface, p. 5). Or ces controverses menacent la crédibilité de la métaphysique comme science, alors qu'on assiste en même temps à « l'épanouissement de toutes les sciences » (Première Préface, p. 6). Mais aussi, ce qui est plus dangereux du point de vue de la culture, la crédibilité de la raison en général : le dogmatisme nourrit le scepticisme. Cette spirale s'exprime dans la vie morale et sociale : le « matérialisme », le « fatalisme », l'« athéisme », l'« incrédulité des esprits forts », le « fanatisme et la superstition ».

Pour résoudre ce problème, le projet de Kant est radical.

Il s'agit de revenir aux sources du pouvoir *a priori* de la raison pour voir jusqu'où elle peut connaître objectivement quelque chose avec des concepts purs. La question essentielle sera : « Comment des jugements synthétiques *a priori* sont-ils possibles ? » Kant présente de manière solennelle ce projet : la métaphysique est « suspendue » (*Prolégomènes* [...]) tant que n'a pas été mise en place « une science qui se borne à rendre compte de la raison pure, de ses sources et de ses limites ». Le temps de la maturité pour la raison est instauré : au lieu de se cantonner à l'étude des « livres et des systèmes » (Première Préface), ou d'objets particuliers, elle explorera et mesurera son propre pouvoir.

La solution réside donc dans le « tribunal » de la raison pure : « Instituer un tribunal qui la garantisse dans ses prétentions légitimes et puisse en retour condamner toutes ses usurpations sans fondements, non pas d'une manière arbitraire, mais au nom de ses lois éternelles et immuables » (Première Préface, p. 7). La critique ne se contentera pas de décrire ou de censurer la raison, comme l'ont fait les empiristes. Elle devra, comme tout procès, arbitrer, déclarer le droit mais aussi corriger et éduquer. La critique est en fait une discipline de la raison pure par la raison elle-même : car, dans ce tribunal, la raison est juge et partie. C'est là toute l'originalité de la critique kantienne par rapport à une méthode simplement sceptique. La critique examinera les éléments de la connaissance *a priori* (l'intuition dans « L'esthétique », le concept dans « La logique ») pour émettre une « sentence » : la connaissance théorique ne doit pas dépasser les limites de l'expérience, sous peine de devenir le siège d'illusions (« la dialectique »). Ce jugement est le fruit d'une méthode « transcendantale » : la réflexion sur les conditions de possibilité d'une connaissance objective conduit à la réflexion sur les conditions de possibilité des objets de la connaissance scientifique.

La critique est donc un outil.

Son utilité n'est fondamentale que pour la métaphysique : « On n'a pas besoin d'une critique de la raison dans l'usage empirique qu'on en fait, parce que ses principes y sont soumis continuellement à l'épreuve de l'expérience qui leur sert de pierre de touche » (*CRP*, cité par Verneaux, *Vocabulaire de Kant*, tome I, p. 30). Cette utilité est négative dans le domaine théorique : elle refuse « à la raison spéculative tout progrès dans le champ du suprasensible » (Seconde Préface, § 11, p. 36). Mais elle est aussi positive : elle permet à la raison d'éviter les erreurs et surtout de découvrir, dans l'étude de son usage pur, une indépendance par rapport à l'expérience qui est constitutive de la vie morale de l'homme (utilité « pratique »). Enfin, comme outil, la critique n'est que le moyen pour une métaphysique future qui pourra se présenter comme une science : elle est une « propédeutique », alors que la métaphysique sera une « doctrine ». Dans la Seconde Préface, Kant écrit : « Cette critique est un traité de la méthode, et non un système de la science elle-même » (§ 12, p. 37). Mais, de fait, elle n'est pas inférieure : elle trace le « plan » du système de la raison pure. Son analyse s'en tient aux « fondamentaux » et à l'élaboration d'une règle pour « l'appréciation complète de la connaissance synthétique *a priori* » (Introduction à la 2e édition de la *CRP*, p. 48) ; « elle s'abstient avec raison de l'analyse détaillée des concepts mêmes ainsi que du recensement complet de ceux qui en dérivent ». La métaphysique sera une telle analyse « détaillée des concepts ». Paradoxalement, donc, tout l'effort proprement philosophique se déploie dans la critique, et la métaphysique sera pour l'esprit « plus un amusement qu'un travail », même si son contenu est plus « riche » (Première Préface, p. 10).

Le philosophe écossais David Hume, d'après Ramsay.

Grandes thèses

La réflexion sur l'*a priori*

1. La possibilité d'une connaissance objective

• La position du problème

La *Dissertation de 1770* apparaît *a posteriori* comme l'énoncé même du projet de la *Critique de la raison pure*, en ce qu'elle formule ce que Kant, dans une lettre à Mendelssohn en 1783, appellera ses deux découvertes : la **distinction nette de l'entendement et de la sensibilité**, et la conclusion d'une telle distinction : que **l'entendement ne peut rien opérer en métaphysique**. Pourtant elle laissait dans l'ombre un problème, **le** problème essentiel, puisque sa résolution sera le passage du dogmatisme au criticisme ! Un passage qui durera dix ans : la fameuse décennie 1770-1780. En 1771, Kant pense être à même d'accomplir le dessein métaphysique fixé par la *Dissertation de 1770*. Mais, l'année suivante, dans une lettre à son élève Marcus Herz, il se fait à lui-même l'objection suivante :

« Dans la *Dissertation* je m'étais contenté d'exprimer la nature des représentations intellectuelles d'une manière simplement négative en disant qu'elles n'étaient précisément pas des modifications de l'âme produites par l'objet. Mais j'étais passé sans mot dire sur la question de savoir comment était possible une représentation qui se rapporte à un objet sans être d'aucune façon affectée par lui.

J'avais dit : les représentations sensibles représentent les choses telles qu'elles nous apparaissent. Mais comment ces choses nous sont-elles données si elles ne le sont pas suivant le mode d'après lequel elles nous affectent, et si de telles représentations intellectuelles reposent sur notre activité interne, d'où provient l'accord qu'elles doivent avoir avec des objets, qui pourtant ne sont pas produits par cela même, et enfin, en ce qui concerne les [axiomes] de la raison pure qui portent sur ces objets, d'où vient qu'ils s'accordent avec ceux-ci sans qu'un tel accord doive s'appuyer sur l'expérience[1]. »

Nous n'avons pas hésité à citer longuement Kant car ce texte apparaît comme la première formulation claire et systématique du problème critique : comment peut-on connaître des choses en soi, c'est-à-dire des choses distinctes par essence de la faculté de connaître ? C'est la question même de

1. Lettre à Marcus Herz du 21 février 1772, Vrin 1967, p. 133 ; voir aussi l'édition bilingue de Roger Verneaux chez Aubier-Montaigne, Paris, 1968.

la possibilité d'une connaissance objective. Et c'est bien le problème critique : celui de la conformité de la représentation à ses objets. Deux faits apparaissent alors comme indiscutables à Kant. D'abord, que les concepts ne produisent pas les choses en soi, c'est-à-dire que la représentation ne produit pas son objet ; ensuite, que les choses en soi ne produisent pas les concepts de l'entendement, c'est-à-dire que l'objet ne produit pas la représentation. L'entendement humain n'est pas plus l'équivalent de ce que Kant appelle *intellectus archetypus*[1] – c'est-à-dire l'intellect divin qui produit les choses par le fait même de les penser – qu'il n'est possible de concevoir la production des concepts par les choses sur le mode de la relation causale. Il faut donc penser la relation entre les choses et les idées sans passer par celle entre une cause que serait l'objet et ses effets que seraient les sensations.

• L'élaboration de la philosophie transcendantale

La solution critique se déploiera alors dans l'élément de ce que Kant désigne, pour la première fois, comme « philosophie transcendantale » :

« Tandis que je recherchais de telle manière les sources de la connaissance intellectuelle sans lesquelles on ne peut déterminer la nature et les limites de la métaphysique, je divisais cette Science en des parties essentiellement différentes et je cherchais à ramener la philosophie transcendantale, je veux dire tous les concepts de la Raison pure en totalité, à un certain nombre de catégories, non toutefois comme Aristote qui, comme il les avait trouvées, les juxtaposa tout à fait au hasard dans ses dix prédicaments, mais comme ils se répartissent d'eux-mêmes en classes suivant un petit nombre de lois fondamentales de l'entendement[2]. »

Ainsi, en 1772, Kant formulait d'abord le dilemme sur lequel repose le problème de la représentation et ensuite la solution de ce dilemme. La « philosophie transcendantale », c'est à la fois le dilemme et sa solution ; c'est la *Critique de la raison pure* elle-même. Et Kant peut alors penser : « [...] à présent je suis à même de présenter une *Critique de la raison pure* comprenant l'exposé de la nature de la connaissance théorique aussi bien que pratique [...] et quant à la première partie je la publierai dans à peu près trois mois ». Nous sommes en 1772. Il lui faudra presque dix ans d'un travail proprement herculéen, au cours duquel il sentira ses forces décliner, pour qu'il soit à même d'effectuer cette présentation. Dix ans qui se ramènent, dans le texte même de la *Critique de la raison pure*, à la distance qui sépare la Déduction métaphysique des catégories de la Déduction transcendantale des concepts purs de l'entendement.

De la même façon qu'il aura fallu deux ans à Kant pour prendre conscience et formuler le problème qui était posé dans sa *Dissertation de 1770*,

1. Lettre à Marcus Herz du 21 février 1772, Vrin 1967, p. 132.
2. *Ibid.*, p. 134.

c'est-à-dire le problème critique, il lui faudra plusieurs années pour répondre au problème que la déduction et l'organisation en tables des catégories laissaient non résolu : comment penser la valeur objective des concepts purs ?

Et s'il fallut tant d'années, c'est que cette solution entraînait irrémédiablement la destruction systématique de la métaphysique dogmatique – celle qui se pensait [se voulait] comme science *a priori* de l'être en soi – et donc inaugurait la philosophie contemporaine. Cette solution, telle que la donne la Déduction transcendantale, consistait à montrer que les concepts purs ont leur objectivité propre dans les limites de l'expérience, parce qu'ils « produisent » leurs objets ; non pas qu'ils créent des choses en soi ou des phénomènes mais parce qu'ils transforment, selon des lois précises, les phénomènes livrés par l'expérience en objets de la représentation.

2. L'*a priori* comme condition de possibilité de la connaissance objective

« La Première Préface a affaire au dogmatisme, la Seconde se trouve contre le scepticisme. » (Éric Weil, *Problèmes kantiens*, Vrin, p. 15.)

Le criticisme, c'est donc d'abord la réévaluation de la connaissance ; et la découverte kantienne consiste à montrer que la condition de possibilité d'une connaissance objective réside dans la possibilité de penser la valeur objective des concepts purs, c'est-à-dire de représentations *a priori*. L'*a priori* est défini selon l'universel et le nécessaire. Or, ces deux déterminations sont absentes de tout donné empirique. Ce que me montre l'expérience c'est, par exemple, qu'une pomme tombe de sa branche vers la terre. Mais la connaissance aura tôt fait de dire que toute pomme qui se décroche de sa branche tombera toujours vers la terre : « toute » et « toujours » sont précisément les déterminations selon lesquelles je généralise un donné empirique en une expérience universelle et nécessaire. Bref, la connaissance en dit toujours plus long que l'expérience. Et c'est cette inflation, ce surplus, qui fait problème. Car nous ne pouvons dépasser le donné empirique que si nous disposons de principes qui, ne pouvant être internes à ce donné, doivent alors être dérivés de notre propre subjectivité. Mais il n'empêche que de tels principes resteraient lettre morte si l'expérience ne venait les avérer, les affirmer et même, éventuellement, les dénier.

3. Le problème posé par l'*a priori*

On doit donc en conclure que des principes identiques régissent à la fois nos représentations et le donné empirique sur lequel elles portent. Mais comment, dès lors, parler de principes subjectifs, sinon en concevant une telle subjectivité non plus comme empirique ou psychologique – c'est-à-dire tournée soit vers les objets, soit vers elle-même – mais comme transcendantale ? Ce qui, au sens kantien, signifie la subsomption des données de l'expérience sous ces représentations *a priori* : et ce qui implique nécessairement l'articulation de ces représentations dans l'expérience.

Le problème critique revient ainsi à faire la théorie de l'application des représentations *a priori* à l'expérience, compte tenu du fait essentiel que ces représentations ne dérivent pas de celle-ci. Les raisonnements que nous tenons sur les choses ont leur fondement dans la relation de cause à effet. Le principe de causalité se distingue à la fois des principes qui règlent les relations entre les idées – principe d'identité, de non-contradiction, de raison suffisante… – et de ceux qui régissent les relations entre les faits – relation de contiguïté, de succession dans l'espace et le temps –, en s'opposant aux premiers par le lien qu'il établit entre des choses radicalement hétérogènes, et aux seconds en nous faisant anticiper l'expérience. Comment, dès lors, penser l'idée d'une causalité qui, tout en s'appliquant au monde de l'expérience, le transcenderait ? Ce qui revient à poser la question du fondement de la connection nécessaire que nous pensons toujours entre la cause et l'effet ; ce qui équivaut à constater qu'une telle pensée analyse les relations entre les faits et les choses comme si elles étaient des relations d'idées !

4. Kant, lecteur de Hume

• Les avertissements de Hume

C'est en ce point que la démarche kantienne devait inévitablement croiser la critique de la causalité par Hume :

« Je l'avoue franchement : ce fut l'avertissement de *David Hume* qui interrompit d'abord, voilà bien des années, mon sommeil dogmatique et qui donna à mes recherches en philosophie spéculative une tout autre direction[1]. »

L'*Enquête sur l'entendement humain* de Hume, paru en 1748, avait été traduit en allemand en 1756. Si Kant a donc pu en prendre connaissance dès sa publication, il n'en est pas moins vrai que, jusqu'à la période critique, il ne cite pratiquement jamais Hume. Mais, à la difficulté de situer historiquement le « réveil » kantien, répond la nécessité méthodologique de la rencontre des deux démarches critiques. Et ce, dans le sillage même de la *Dissertation de 1770*.

On se rappelle qu'après avoir tenté la synthèse de la physique newtonienne et de la métaphysique de Leibniz, Kant s'était séparé de celui-ci en démontrant la différence des principes du monde sensible et du monde intelligible. Mais la deuxième partie du texte de 1770 – celle qui traitait des principes du monde intelligible – était restée dans la mouvance leibnizienne en faisant de la liaison causale une activité de l'entendement.

Et donc, à partir du moment où Kant, en développant la démarche critique, fixait aux limites du domaine des phénomènes, celles de l'activité « orthodoxe » de l'entendement, le problème de la relation causale était à reconsidérer totalement : il devenait celui du fondement de la capacité de l'entendement à légiférer sur les phénomènes sensibles. C'est contre Hume qu'il fallait définir un tel fondement :

1. *Prolégomènes à toute métaphysique future*, Vrin, 1968, p. 13.

« Mais, invoquant la spontanéité d'un entendement transcendantal, et construisant sa connaissance, là où Hume voyait seulement l'instinct d'une nature, Kant va fonder la nécessité de la science – que, selon lui, Hume laissait perdre – et expliquer cette constance des lois physiques, qui, dans la philosophie de Hume demeurait un mystère » (F. Alquié[1]).

• L'analyse de la connaissance chez Hume

La philosophie empiriste de Hume[2] est d'abord une réflexion sur les données originaires de la conscience, ce qu'il appelle les « perceptions ». Celles-ci se ramènent à deux genres : les impressions et les idées ; les premières seules étant véritablement originaires, les secondes n'en étant que des « copies ». Mais l'empirisme de Hume ne se réduit pas à un pur sensualisme pour lequel les sens seuls seraient actifs, et où l'esprit serait totalement passif. Car la dynamique même des impressions implique, d'une part, l'activité de l'imagination et, d'autre part, leur division en « impressions de sensation » et « impressions de réflexion ». Et bien qu'en fait la plus grande partie de celles-ci (émotions, passions, actes de volonté...) ait indirectement pour source celles-là, il n'en reste pas moins qu'il s'agit effectivement d'une activité spirituelle marquant une certaine autonomie de l'esprit humain. L'objet de l'enquête humienne sera donc, par la recherche des impressions authentiques, une critique systématique de la légitimité des grandes notions métaphysiques.

• Le principe de causalité en question

Et, parmi celles-ci, la critique de la relation de causalité doit sa célébrité en ce qu'une telle relation étant un, sinon le principe fondamental de la raison humaine, sa critique prolongeait la « méthode » empiriste en un scepticisme tel que Kant pourra dire : « [...] depuis l'origine de la métaphysique, aussi loin que remonte son histoire, il ne s'est rien passé qui eût pu être plus décisif pour les destinées de cette science, que l'attaque qu'elle eut à subir de la part de *David Hume*[3] ». Selon Hume, donc, seule la causalité nous permet, en partant de l'existence ou de l'activité d'un objet, de conclure qu'elle a été précédée ou suivie de l'existence ou de l'activité d'un autre objet. La métaphysique classique avait toujours supposé la nécessité logique d'une telle relation. Mais le philosophe anglais va montrer que cette nécessité même est problématique, en contestant le fait que la relation causale puisse produire une impression sur l'esprit : si nous pouvons percevoir qu'un objet ou un événement A est dans une certaine relation spatiale ou temporelle à un objet ou événement B, nous ne percevons jamais, en tant que tel, que A est cause de B. Or, nul objet considéré en lui-même, c'est-à-dire dans l'idée que nous en avons, n'implique l'existence d'un autre objet. Et donc, la connaissance de la

1. « L'idée de causalité de Descartes à Kant », *Histoire de la philosophie* (direction F. Châtelet), Hachette, tome IV, p. 217. Voir aussi du même auteur : *La Critique kantienne de la métaphysique*, chapitre 1.
2. Sur la critique de la causalité par Hume, voir *Traité de la nature humaine*, livre 1, 3e partie et *Enquête sur les principes de l'entendement humain*, sections 4 et 5.
3. *Prolégomènes à toute métaphysique future*, p. 10.

cause et de l'effet, ne pouvant être le fait de la réflexion, n'est susceptible de provenir que de l'expérience. Mais nous avons vu que si nous pouvons faire l'expérience de la contiguïté ou de la succession de A et B, nous ne pouvons jamais faire celle de leur relation causale. La seule expérience nécessaire que nous puissions en avoir, conclura Hume, est celle de leur « conjonction constante ». Et lorsque nous disons que A est la cause de B, nous entendons en fait que A et B sont constamment unis mais non pas qu'il y ait un rapport nécessaire entre eux : « Les objets n'ont pas de rapport entre eux susceptible d'être découvert et ce n'est par aucun autre principe que l'habitude, qui agit sur notre imagination, que nous pouvons tirer une conséquence entre l'apparition de l'un et l'expérience de l'autre. » Ainsi Hume dévoile, à la source de ce que la métaphysique avait pensé comme le principe le plus formel et le plus rationnel de la réflexion, l'activité clandestine de l'imagination : A et B ayant été constamment liés dans une expérience passée, toute perception de A sera alors systématiquement liée à l'idée de B : ce que, abusé par notre croyance, nous pensons comme la liaison de l'objet A à l'objet B. Et ce qui nous apparaissait comme une relation nécessaire entre des objets n'est que la relation entre les idées de ces objets ; ainsi l'idée de nécessité est l'effet de la détermination de l'esprit par l'habitude : « La nécessité est quelque chose qui existe dans l'esprit et non dans les objets », dira Hume.

Dans l'introduction à ses *Prolégomènes à toute métaphysique future*, Kant résume ainsi cette thèse empiriste :

« Il en concluait que la raison se faisait tout à fait illusion sur cette notion [la causalité], la considérant à tort comme sa propre progéniture, alors qu'elle n'était qu'un bâtard de l'imagination qui, fécondée par l'expérience, a placé certaines représentations sous la loi d'association, faisant passer la nécessité subjective qui en dérive, c'est-à-dire une habitude, pour une nécessité objective fondée sur la connaissance. Il en concluait que la raison ne possédait pas la faculté de penser de telles relations, [...] et que toutes ses prétendues notions *a priori* n'étaient pas des expériences communes, faussement estampillées[1]. »

Kant formulait alors la conséquence de ce scepticisme, dans toute sa sécheresse : « [...] ce qui revient à dire qu'il n'y a pas et qu'il ne saurait y avoir de métaphysique ».

5. Le dépassement du scepticisme de Hume

• Le défi lancé par Hume

On comprendra qu'une telle conclusion fut décisive quant à la destinée de la métaphysique. Car le problème ne se situait plus à l'intérieur de la « Haute Philosophie », il devenait celui de ses conditions de possibilité : « Et le pis était que la métaphysique, en tant qu'existante, ne pouvait m'être

1. *Prolégomènes à toute métaphysique future*, pp. 10-11.

en ce cas d'aucun secours, parce que c'est de cette déduction que dépend d'abord la possibilité d'une métaphysique[1]. »

C'est donc parce qu'il fallait réenvisager les principes mêmes de la spéculation métaphysique que la solution kantienne au problème sceptique devait déclencher dans la philosophie une révolution comparable à celle de Copernic dans les sciences. Car, dissiper le malentendu métaphysique repéré par Hume, c'était nécessairement reformuler toutes les questions philosophiques à partir d'un nouveau système de protocoles réflexifs dont la consistance allait permettre d'apporter à ces questions des réponses indubitables[2].

• Kant critique le raisonnement de Hume

La solution kantienne consiste d'abord à déterrer du fond de la critique de Hume, la pétition de principe enfouie sous tout scepticisme[3]. Car si l'habitude suppose la répétition des phénomènes, c'est-à-dire une certaine constance dans leur apparition et dans leur configuration, quel est alors le fondement de cette répétition ? Le présupposé de la thèse humienne revient en fin de compte à réintroduire la question que le scepticisme prétend annuler : celle de la nature des choses extérieures ; s'il y a une répétition des phénomènes dans la nature, il faut alors que celle-ci soit soumise à des lois, ce qui implique la position de l'existence, hors de nous, d'un lien de causalité ! Hume étant pris en défaut, il fallait donc en quelque sorte reformuler l'objection sceptique : « J'essayais tout d'abord de voir si l'objection de *Hume* ne pouvait se représenter sous sa forme générale, et je vis bientôt que la notion de relation de cause à effet était loin d'être la seule, grâce à laquelle l'entendement conçoit *a priori* des relations, bien plus, que la métaphysique en est tout entière constituée[4]. »

• Kant examine le principe de causalité

Hume avait montré que la relation de causalité n'était pas analytique et en avait déduit au relativisme de sa vérité. Kant montre qu'une telle relation est certes synthétique mais, contre Hume, qu'elle est connue *a priori*, c'est-à-dire qu'elle est nécessaire. Il peut, dès lors, formuler la question dont la *Critique de la raison pure* est la réponse ; car se demander si la métaphysique est possible c'est devoir démontrer la **possibilité de jugements synthétiques *a priori*.** Or, cette démonstration est possible : la physique newtonienne a prouvé, dans les faits, que l'esprit humain est à même d'établir des relations de nécessité entre les réalités elles-mêmes[5].

---

1. *Prolégomènes à toute métaphysique future*, p. 14.
2. « Et j'ose dire qu'il ne saurait y avoir un seul problème de métaphysique qui ne soit résolu, ou du moins, dont la solution ne trouve ici sa clef », Préface de 1781, PUF, p. 7.
3. Voir en ce sens la critique leibnizienne de l'empirisme de Locke dans les *Nouveaux essais sur l'entendement humain*.
4. *Prolégomènes à toute métaphysique future*, p. 13.
5. « Tandis que Hume se demande s'il sera possible d'expliquer la connection causale, Kant, lui, sait d'avance que cela est possible », É. Boutroux, *La Philosophie de Kant*, p. 101.

Nous pouvons comprendre maintenant qu'il a suffit à Hume de démontrer que le principe de causalité était une synthèse pour que cela réveille Kant de son « sommeil dogmatique ».

– « Sommeil dogmatique » d'abord : à savoir que Kant dormait à l'ombre des certitudes rationalistes de Leibniz et de Wolff. Ceux-ci admettaient que des savoirs tels que les mathématiques, la métaphysique et même la morale procèdent de concepts de l'entendement ne renvoyant à aucune source empirique ou sensible, et que, par conséquent, ces savoirs ont une connaissance *a priori* de leurs objets. Mais cet apriorisme n'était, selon eux, qu'analytique : il procédait uniquement de la décomposition des concepts donnés au départ ; les mathématiques reposaient donc sur la logique – le savoir produisant les règles et principes nécessaires à l'analyse des concepts : principe de contradiction, du tiers exclu... – et la métaphysique ainsi que la morale étaient elles-mêmes réductibles au modèle mathématique – ce qui était affirmé par Wolff et contesté par Hume.

– « Réveil sceptique » ensuite : à partir du moment où Hume avait montré que le principe de causalité n'était pas analytiquement démontable et qu'il ne pouvait donc pas provenir que d'une habitude subjective dérivée d'une certaine forme d'expérience, la limite de la conception dogmatique des concepts *a priori* apparaissait clairement : l'analyse peut indiquer ce qui est contenu dans le concept mais elle est incapable de lui attribuer un objet[1]. Il faudrait donc en conclure qu'il n'y a que des propositions synthétiques *a posteriori*, c'est-à-dire fondées sur l'expérience.

– Le dépassement du dogmatisme et du scepticisme enfin : Kant a appris de Newton que la méthode physique articule deux mouvements : d'une part, une série d'expériences ponctuelles, sans ordre propre, observées ou provoquées ; d'autre part, des concepts et des lois découverts par l'esprit et permettant la liaison et l'unification de ces expériences. À savoir que toute connaissance a un contenu et une forme : ce qui est donné et la faculté travaillant sur ce donné. À la diversité et la multiplicité du donné sont donc opposées la constance et l'unité de l'activité rationnelle. L'objet est l'effet de l'unification de la multiplicité. Le problème de la connaissance n'est donc pas situé du côté de son contenu, mais de celui des fonctions synthétisantes *a priori* de la raison, en tant qu'elles constituent l'objet de l'expérience. L'objectivation de la connaissance n'est plus impensable ou introuvable : elle est dans le fonctionnement de l'entendement, dans la mise en forme du donné par les catégories et les principes

1. « Des jugements analytiques ne disent rien dans le prédicat qui n'ait déjà été pensé réellement dans le concept du sujet, bien que de façon moins claire et plus inconsciente. Quand je dis : tous les corps sont étendus, je n'ai pas le moins du monde élargi mon concept du corps, je l'ai analysé simplement car l'extension était pensée réellement dans ce concept déjà avant le jugement, bien que non expressément indiquée. Ce jugement est donc analytique. » (Kant, *Prolégomènes à toute métaphysique future*, p. 21.)

des facultés de la raison ; bref, elle est dans les jugements synthétiques *a priori*[1].

« Il faut qu'une critique de la raison elle-même expose toute la provision des concepts *a priori*, leur division suivant leurs diverses sources : sensibilité, entendement, raison ; de plus, un tableau complet de ceux-ci et l'analyse de tous ces concepts avec tout ce qui peut en être tiré comme conséquence, mais ensuite et surtout la possibilité de la connaissance synthétique *a priori* par le moyen de la déduction de ces concepts, les principes comme enfin les limites de leur emploi, et tout cela dans un système complet. Ainsi la critique et elle seule contient le plan entier bien étudié et éprouvé, même tous les moyens de réalisation pour faire de la métaphysique une science[2]. »

Une nouvelle théorie de la connaissance : la « révolution copernicienne »

1. Les limites de la connaissance théorique

« Faire de la métaphysique une science », voilà donc le projet fondamental de la critique : l'affirmation de la possibilité des jugements synthétiques *a priori*, en définissant précisément les fonctions propres de la raison pure et en évaluant en toute rigueur leur valeur objective, fixe en même temps les limites de l'usage de la raison ; limites telles que nos connaissances puissent être un savoir *a priori* et objectif du réel. Nous reconnaissons là les trois grandes opérations de la *Critique de la raison pure* : déduction métaphysique puis transcendantale de l'*a priori* et limitation de la connaissance scientifique. La perspective transcendantale de Kant englobe ainsi dans une même réévaluation la totalité du champ d'action de la raison. Réévaluation qui, en inversant radicalement le vecteur du savoir, constitue la révolution copernicienne de Kant.

2. La référence à Copernic

C'est en 1543 que Copernic, sur son lit de mort, livrait au grand public son *De révolutionnibus orbium caelestium* qui commençait par ces mots grandioses : « Contre l'opinion reçue des mathématiciens et même contre le sens commun, j'ose imaginer quelque mouvement à la terre [...] ».

1. « La proposition : quelques corps sont pesants, contient dans le prédicat quelque chose qui n'est pas véritablement pensé dans le concept général de corps, elle accroît donc ma connaissance, en ajoutant à mon concept, et doit par conséquent être appelée jugement synthétique. » (Kant, *Prolégomènes à toute métaphysique future*, p. 21.)
2. *Ibid.*, p. 157.

Ayant, pendant plus de vingt ans (de 1309 à 1529), confronté les diverses théories astronomiques aux observations et expériences de ses contemporains, Copernic démontrait l'impossibilité d'accorder ces résultats expérimentaux avec le modèle astronomique régnant jusque-là : celui de Ptolémée (IIe siècle ap. J.-C.) fondé sur l'hypothèse de l'immobilité de la terre et de sa position centrale dans un système solaire gravitant autour d'elle. Mais les observations et mesures expérimentales accumulées depuis lors se comprenaient mieux à partir de modèles admettant le mouvement des planètes autour du soleil[1].

3. Le rôle du sujet dans la connaissance

En reprenant dans une perspective identique le sens du rapport de la raison et de l'expérience, Kant allait opérer sa révolution copernicienne. La critique avait déterminé l'ensemble des conditions – des formes *a priori* de la sensibilité jusqu'aux principes de l'entendement pur – qui réglaient la connaissance des choses. Or, ces conditions dépendaient de l'esprit humain et non pas des choses. Le sujet connaissant ne reçoit pas de celles-ci les lois et les formes de la connaissance, c'est lui-même qui applique aux choses la grille des lois et formes de la raison :

« La possibilité de l'expérience en général est donc, en même temps, la loi universelle de la nature et les principes de la première sont les lois mêmes de la seconde. Car nous ne connaissons la nature que comme ensemble des phénomènes, c'est-à-dire des représentations en nous, et nous ne pouvons donc tirer la loi de leur liaison d'ailleurs que des principes de leur liaison en nous, c'est-à-dire des conditions de l'union nécessaire en une conscience, union qui constitue la possibilité de l'expérience[2]. »

Ainsi la possibilité de la nature[3] est déterminée par les conditions de possibilité de l'expérience que la Raison peut en faire. L'idéalisme critique de Kant est fondé ici sur la primauté de l'activité de l'esprit dans la connaissance et donc sur une définition « constructiviste » de la réalité[4]. Ce que dit très clairement la Seconde Préface : nous ne connaissons *a priori* dans les choses que ce que nous y mettons nous-mêmes.

Kant était, alors, à même de répondre à sa propre invitation : « Que l'on cherche donc une fois si nous ne serions pas plus heureux dans les problèmes de la métaphysique, en supposant que les objets se règlent sur notre connaissance » (Seconde Préface, § 10, p. 33). Car les contradictions dog-

1. Dès le Ier siècle après J.-C., Apollonius de Perga avait pensé un système qui faisait tourner les cinq planètes autour du soleil gravitant lui-même autour de la terre. Mais c'est surtout par Archimède (287-212 av. J.-C.) que Copernic devait prendre connaissance du système totalement héliocentrique d'Aristarque de Samos (310-330 environ)

2. *Prolégomènes à toute métaphysique future*, p. 94.

3. « Comment la nature même est-elle possible ? Cette question, le point le plus haut que puisse jamais atteindre la philosophie transcendantale et auquel il faut la conduire comme à sa limite et à sa perfection », *ibid.*, p. 93.

4. Voir la Seconde Préface : « Le premier qui démontra le triangle isocèle [...] » (§ 6, p. 31).

matiques qui avaient presque irrémédiablement ruiné la crédibilité de la métaphysique n'étaient, pour l'essentiel, que l'effet de sa tendance incoercible à poursuivre sa quête au-delà des limites du domaine de l'expérience et à étendre ses connaissances sur l'âme, sur le monde et sur Dieu[1]. Mais, désormais, l'idée de synthèse *a priori* permettait de penser la capacité de la raison à légiférer au-delà des bornes de l'expérience. À son usage logique devait être, pour ce faire, substitué son usage réel, c'est-à-dire pratique : « Kant séparera donc philosophie et religion, et, condamnant la métaphysique dogmatique, assurera, à côté de la physique, une place à la morale, elle-même principe de foi. » (F. Alquié[2].)

L'indépendance de la raison pratique

1. Conséquence de la révolution copernicienne : la finitude de la connaissance humaine

L'entendement peut donc constituer la science dans l'objectivation des phénomènes. Mais il est clair aussi qu'il ne peut jamais atteindre à l'essence même de la réalité, à ce que Kant appelle le monde des *noumènes*. Ce n'est pas, ainsi, la science qui pourra remonter la série des conditions des phénomènes jusqu'à leur « inconditionné ». Kant retrouve ici le problème de la causalité désormais posé dans l'élément de l'action morale :

« Mais, après avoir refusé à la raison spéculative tout progrès dans le champ du suprasensible, il nous reste encore à chercher s'il n'y a pas dans sa connaissance pratique certaines données qui lui permettent de déterminer le concept transcendant de l'inconditionné et de pousser ainsi, conformément au vœu de la métaphysique, notre connaissance a priori au-delà de toute expérience possible, mais seulement au point de vue pratique » (Seconde Préface, § 11, p. 36).

2. Seul l'usage pratique de la raison peut dépasser les limites de l'expérience

La voie ouverte par la critique, entre le dogmatisme rationaliste de l'école cartésienne (Wolff) et le scepticisme empiriste anglais (Hume), aboutissait en fait à condamner contre celui-là toute métaphysique dogmatique au nom de son impuissance à réaliser sa prétention : connaître les choses en elles-mêmes et, dans un même temps, à généraliser, aux dépens de celui-ci,

1. Seconde Préface : « Ce qui nous pousse nécessairement à sortir des limites de l'expérience et de tous les phénomènes, c'est l'inconditionné que la raison exige nécessairement et à juste titre, dans les choses en soi, pour tout ce qui est conditionné, afin d'achever ainsi la série des conditions » (§ 11, p. 35).
2. *La Critique kantienne de la métaphysique,* PUF, 1968, p. 20.

la substitution que Hume avait déjà opérée dans le champ de la science : celle de la croyance au savoir.

« [Hume] ne pressentait en rien la possibilité de cette science formelle, ayant amené, pour la mettre en sécurité, sa barque à la rive (le scepticisme) où elle peut demeurer et pourrir ; tandis qu'il m'importe de fournir à cette barque un pilote qui, suivant les principes certains de son art, tirés de la science du globe, pourvu d'une carte maritime complète et d'une boussole, puisse la conduire sûrement où il lui plaira[1]. »

Cette barque, Kant la conduira avec l'art consommé d'un pilote qui connaît le bon usage des cartes et des boussoles : non plus l'usage formel mais l'usage pratique d'une raison destinée donc à indiquer le nord à la quête des conditions ultimes de toute expérience : les postulats de la liberté et de Dieu : « L'usage spéculatif de la raison par rapport à la nature conduit à l'absolue nécessité de quelque cause suprême du monde ; l'usage pratique de la raison à l'égard de la liberté conduit aussi à une absolue nécessité[2]. »

Et si de tels objets de pensée ne sont plus « contrôlables » d'un point de vue transcendantal, ils n'en deviennent pas moins les fondements réels de la conduite humaine : ils ouvrent au domaine transcendant des valeurs. La Seconde Préface reprend ici l'avertissement de la *Dissertation de 1770*[3], selon lequel il fallait « prendre grand soin » à ce que, sortant de leurs limites, les principes de la connaissance du monde sensible ne viennent pas souiller le monde des intelligibles.

3. Savoir et croyance

La distinction du savoir et de la croyance, c'est-à-dire de la foi, peut ainsi s'entendre comme une véritable épuration de la raison : la métaphysique dogmatique, en confondant méthodes scientifique et métaphysique, avait transformé les « intelligibles », tel que l'âme ou Dieu, en objets. Et c'est bien cette « chosification » qui, en fait, entraînait l'immobilisme réflexif du scepticisme. Il faut donc trancher ce greffon monstrueux. Kant ne pense la métaphysique comme science que pour mieux la distinguer des sciences. Et la séparation entre savoir et croyance ne fera que refléter théoriquement la division originaire du sujet humain. L'homme, par sa dimension phénoménale, est soumis au déterminisme des lois causales qui régissent le monde de l'expérience mais, par sa dimension nouménale de sujet moral, il est radicalement libre en ce qu'il produit lui-même sa propre causalité éthique : être libre parce qu'être responsable, il se « détermine » lui-même à agir à partir de lois « déterminées » par sa raison. Ici, Kant fondera une telle raison pratique sur ce qu'il appellera « l'autonomie de la volonté ».

1. *Prolégomènes à toute métaphysique future,* p. 16
2. *Fondements de la métaphysique des mœurs,* Delagrave, 1965, p. 208.
3. Alors même que, dans celle-ci, Kant pensait encore que l'usage réel de l'entendement pouvait lui donner accès aux choses elles-mêmes.

Sujet de dissertation

Les sciences peuvent-elles satisfaire notre désir de vérité ?

Analyse de l'énoncé

Quand il s'agit de définir une notion aussi large et complexe que la « science », on peut se rappeler l'exigence socratique formulée dans le *Ménon* de Platon. Définir n'est pas énumérer une multiplicité de cas tombant sous le concept. On ne peut définir la science en disant qu'il existe plusieurs types de sciences comme les sciences de la nature et de la vie, les sciences formelles et enfin les sciences de l'homme, et que, du point de vue historique, on distingue une évolution dans la compréhension du concept de science (la science de l'Antiquité, du Moyen Âge, des Modernes, du « nouvel esprit scientifique » à partir de 1905 selon Bachelard). Définir consistera plutôt à dégager l'élément commun et réel de cette multiplicité : l'essence ou l'« idée » de la science. Cette idée se manifeste dans des exigences et des méthodes de connaissance qui représentent ce qu'on a appelé la « rationalité ». C'est en ce sens que la Seconde Préface de Kant oppose science et tâtonnement. Celle-là conduit l'esprit à des résultats qui satisfont notre désir de vérité. Si le désir est, selon la définition de Platon dans *Le Banquet*, la conscience d'un manque et la recherche de ce qui peut le combler, alors, le désir de vérité c'est la conscience de nos erreurs, de nos illusions et l'aspiration à des pensées « justes », en adéquation avec le réel, et qui, de ce fait, soient des connaissances fermes et rigoureuses.

I - La science « contente » notre désir de vérité

Elle constitue un type de connaissance dont les résultats sont vrais et contrôlables dans des procédures de vérification. Elle nous met donc en possession d'une qualité de connaissance qui répond à notre désir de vérité. C'est cette qualité que reconnaît Descartes dans la première partie du *Discours de la méthode* : l'école lui promettait des connaissances certaines, mais seules les sciences mathématiques sont parvenues à ce résultat. Là où les autres disciplines entraînent la déception, les sciences contentent le désir de vérité : « Je me plaisais surtout aux mathématiques, à cause de la certitude et de l'évidence de leurs raisons. » Les sciences réussissent là où la culture traditionnelle et l'expérience de la vie (qui enseigne plutôt le sens du relatif) échouent. Pourquoi une telle réussite ? Le désir de vérité consiste tout d'abord dans l'aspiration à la connaissance et à la capacité de déterminer la raison d'être des phénomènes : or la science – contrairement à l'opinion et à l'expérience première – dépasse la simple observation des faits, et propose des modèles explicatifs (théories) susceptibles de rendre le réel intelligible (détermination des lois, des principes de causalité, des relations de validité entre les propositions). En second lieu, le désir de vérité coïncide avec l'aspiration à une connaissance stable, c'est-à-dire à la capacité d' « arrêter » la pensée et de juger : or la science permet ce jugement par le biais de la preuve, qui constitue l'exigence fondamentale de toute démarche scientifique : « Ne jamais recevoir aucune chose pour vraie que je ne la connusse évidemment être telle » (*Discours de la méthode*, deuxième partie). La preuve prend différentes formes selon les objets d'études : démonstration et expérimentation. La science est un savoir fondé qui produit la confiance parce qu'elle formule des **énoncés universels et nécessaires**. En revanche, l'opinion est « instable », selon Platon : elle est aussi changeante et contradictoire que les apparences dont elle se contente. Elle affirme sans justifier ou en usant de la séduction et elle est susceptible d'être contestée par d'autres. Le combat de Platon vise à sauver l'idée que la science est possible contre le relativisme des sophistes. Sur l'association science-connaissance ferme, relire la Première Méditation de Descartes, et tout le développement de Kant dans la Seconde Préface sur l'insatisfaction suscitée par les polémiques de la métaphysique.

Articulation : Le désir de vérité n'est-il pas un désir d'absolu et d'éternité, le rêve d'une connaissance totale et définitive ? La science peut-elle répondre à toutes nos questions et parvenir à la possession définitive du vrai ? Car la science est aussi, comme le prouvent son histoire et ses progrès, une recherche perpétuelle.

II - La science ne peut combler notre désir de vérité

La science n'a pas réponse à tout. Elle ne doit sa rigueur qu'à la limitation de son domaine d'action : elle se réfère, selon Kant, à l'expérience possible (intuition de l'espace et du temps pour les mathématiques, perception des phénomènes naturels ou humains pour les autres disciplines). Or la raison a ceci de particulier qu'elle conduit l'homme à se poser des questions qui dépassent les limites de l'expérience (Dieu, l'immortalité, le sens) : « La raison humaine a cette destinée singulière, dans un genre de ses connaissances, d'être accablée de questions qu'elle ne saurait éviter, car elles lui sont imposées par sa nature même, mais auxquelles elle ne peut répondre, parce qu'elles dépassent totalement le pouvoir de la raison humaine » (*Critique de la raison pure*, Préface de la première édition, p. 5). De même, la science rejette de son domaine la question du pourquoi, c'est-à-dire la recherche des causes finales et du sens, par opposition avec la question du comment, qui consiste dans la recherche des lois. Or cette question est inhérente à la raison qui trouve ses réponses dans la religion ou la métaphysique. Selon Bergson, les réponses scientifiques fonctionnent bien dans l'étude de la matière (là où il peut y avoir quantification et abstraction) : ce qui veut dire que les méthodes scientifiques ne peuvent déterminer l'ensemble du réel.

D'autre part, la science attribue une vérité relative à des principes qui ne sont pas prouvés par les moyens rationnels de la science : lire Pascal, le rôle du « cœur » dans les raisonnements mathématiques, et Platon, le *Ménon* ; la méthode scientifique est une méthode déductive qui ne remonte pas au-delà des hypothèses. La science est donc par essence une connaissance relative. La vérité est alors celle des conséquences ; d'où les formules telles que : *si on admet que ... alors*. La vérité porte sur la relation mais non sur la chose en soi. En effet, dans le *Ménon*, Platon établit ceci que, si la vertu s'enseigne, c'est qu'elle relève de la connaissance ; mais le raisonnement ne dit pas ce qu'est la vertu en elle-même. Il en est de même des lois physiques, comme la première loi de Kepler : s'il existe un système solaire, alors les orbites sont elliptiques. Cette loi n'affirme pas qu'il existe un système solaire, mais elle contraint tout système solaire à une certaine forme. La vérité scientifique est « discursive » et non absolue : elle dégage des conditions.

Enfin, c'est le propre du savoir scientifique que de ne jamais parvenir à son terme : il y a une multiplicité continuelle des expériences (due aux nouveaux instruments techniques et à l'élaboration de nouveaux concepts), et une impossibilité d'épuiser à un moment donné toutes les conclusions d'une théorie. La science est « inachevée » : ce qui explique son progrès, son perpétuel dépassement et donc son histoire (au XXe siècle, l'épistémologie s'est penchée sur ces deux notions pour remettre en question l'idée traditionnelle de la science comme connaissance définitive).

III - La science n'épuise pas notre désir de vérité mais elle révèle l'essence de la vérité

La vérité semble plus relever de la recherche et de la dialectique du savoir que de la « sédimentation » des pensées. En ce sens, la science nous met sur la voie d'une démystification de la vérité. C'est aussi cette approche du désir de vérité qui s'exprime dans les dialogues platoniciens dits « socratiques » : la vérité consiste alors moins dans le résultat de l'enquête que dans la vertu du dialogue à produire le désir de mieux penser.

La vérité est donc moins l'accord définitif du discours avec le réel (ce que dément le progrès scientifique) que le « dévoilement » sans cesse renouvelé des apparences. Même si les sciences ne satisfont pas, au sens fort, notre désir de vérité, elles montrent la présence active en nous de l'idée de vérité.

Ainsi, les limites qu'elles déterminent à l'intérieur de leurs investigations (phénoménalité) libèrent la « croyance » des objections théoriques. Par conséquent, les sciences nous enseignent que la vérité ne satisfait pas notre raison, et qu'elle n'épuise pas son désir d'absolu : « Je dus abolir le savoir pour la croyance », dit Kant dans la Seconde Préface.

La vérité est une valeur du savoir, mais la raison aspire à une valeur supérieure : la vérité des vérités, c'est-à-dire le sens, ou l'inconditionné.

Commentaire d'extrait

Une nouvelle idée de la science

Lorsque *Galilée* fit rouler ses boules sur un plan incliné avec une accélération [déterminée et] choisie par lui-même, ou que *Torricelli* fit porter à l'air un poids qu'il savait être égal à [celui d'une colonne] d'eau à lui connue [...], alors ce fut une [nouvelle] lumière pour tous les physiciens. Ils comprirent que la raison n'aperçoit que ce qu'elle produit elle-même d'après ses propres plans, qu'elle doit prendre les devants avec les principes qui déterminent ses jugements suivant des lois constantes, et forcer la nature à répondre à ses questions, au lieu de se laisser conduire par elle comme à la lisière ; car autrement nos observations faites au hasard et sans aucun plan tracé d'avance ne sauraient se rattacher à une loi nécessaire, ce que cherche et exige pourtant la raison. Celle-ci doit se présenter à la nature tenant d'une main ses principes, qui seuls peuvent donner à des phénomènes concordants l'autorité de lois, et de l'autre l'expérimentation, telle qu'elle l'imagine d'après ces mêmes principes. Elle lui demande de l'instruire, non comme un écolier qui se laisse dire tout ce qui plaît au maître, mais comme un juge en fonctions, qui contraint les témoins à répondre aux questions qu'il leur adresse.

Préface à la seconde édition
de la *Critique de la raison pure*, § 8, pp. 31-32.

Introduction

Kant examine les disciplines qui ont réussi à sortir de l'état de tâtonnement pour accéder au rang de science. Après les mathématiques, qui se sont libérées de l'expérience, c'est au tour de la physique. Ce texte expose la « révolution intellectuelle » opérée par les physiciens et la nouvelle idée de la science qui en découle. Contrairement au célèbre aphorisme de Bacon, Kant souligne que le physicien n'est pas « le ministre et l'interprète » de la nature (*Nouvel Organon*) car il ne lui « obéit » pas mais il lui commande. La révolution intellectuelle consiste donc dans la découverte que toute science doit être *a priori*. La question que pose la physique au philosophe est donc : comment des concepts *a priori* peuvent-ils s'appliquer au réel et avoir une objectivité ? Car la physique ne « fabrique » pas des mondes possibles, elle cherche à connaître le monde réel.

Plan détaillé

1. La naissance de la physique moderne au XVIIe siècle (ligne 10 à 15)

Kant célèbre les figures marquantes de la révolution intellectuelle. Il se réfère à Galilée (1564-1642) et à Torricelli (1608-1647).

Il rapporte les expériences de chacune de ces personnalités de la science :

– Galilée et l'établissement de la loi de la chute des corps, « la constante d'accélération des corps en chute libre » (Koyré).

– Torricelli et l'expérience de l'existence du vide puis sa relation avec la pression atmosphérique.

Ce que conclut Kant de l'exemple de ces expériences, ce n'est pas la toute-puissance des observations mais au contraire la puissance conceptuelle qui va de pair avec leur élaboration. Il souligne en effet, pour chaque cas, l'aspect volontaire et non passif de la démarche scientifique : volonté au niveau des initiatives et au niveau du contrôle des résultats (« déterminée et choisie par lui-même », « qu'il savait égal à »).

Cette puissance conceptuelle devance l'expérience immédiate et se manifeste dans l'élaboration d'un dispositif, c'est-à-dire d'un instrument destiné à déterminer les phénomènes : Galilée choisissant un plan incliné pour reconstituer les conditions d'une chute libre à une échelle mesurable ; Torricelli utilisant du mercure.

Elle est la preuve pour Kant que toute science se fait *a priori* : c'est la nouvelle « lumière » à la base du progrès de la physique. Dans tous les cas, la démarche *a priori* se manifeste dans la représentation d'une fin établie scientifiquement et précédant l'expérience ; elle est donc d'ordre conceptuel. L'esprit ne se soumet pas passivement aux données, mais il les traite théoriquement en « construisant » son objet.

L'expérimentation se distingue donc de l'expérience du sens commun.

Cette démarche *a priori* est par ailleurs la condition de l'exactitude de la nouvelle physique : le physicien peut, à l'intérieur de son expérimentation, « mesurer » le phénomène. Ce qui implique une approche quantitative susceptible de parvenir à des généralisations. C'est en ce sens que, selon Galilée, le mouvement est une réalité mathématiquement déterminable.

2. Une nouvelle idée de la science (ligne 5 à 13)

La méthode des physiciens révèle la puissance de la raison : elle commande la nature (« ses propres plans », « doit prendre les devants avec les principes », « forcer la nature »).

L'image du commandement donne à penser le pouvoir *a priori* de la raison : Galilée et Torricelli ont établi que la raison pouvait avancer dans la connaissance avec des concepts *a priori* des objets. La révolution réside dans la découverte des jugements synthétiques *a priori*. La notion de principe (la raison est ici assimilée à l'entendement) renvoie à cette détermination *a priori* des phénomènes : c'est la règle qui ordonne le divers de l'intuition et qui correspond, dans les exemples ci-dessus, à l'élaboration théorique de l'objet à étudier.

Le fruit de ce pouvoir *a priori* est la possibilité de déterminer des « lois ». On retrouve ici le principe de la révolution copernicienne : c'est parce que la nature se règle sur notre faculté de connaître que nous pouvons déterminer *a priori* ses lois. Car le propre de la science – par rapport au tâtonnement – est d'énoncer des propositions universelles et nécessaires. Elle ne se contente pas d'« épeler » les phénomènes.

Cette révolution en physique a pour conséquence que la connaissance n'apparaît plus comme l'adéquation du discours d'un sujet avec l'objet dont il traite, mais comme la soumission de l'objet au sujet qui l'investit. Ce qui tranche avec l'idée de « passivité » habituellement attachée aux notions de connaissance et de vérité. Cela explique d'ailleurs que, bien que la démarche *a priori* repose sur un usage naturel de la raison, elle n'ait pas été mise en œuvre plus tôt. Elle doit sa découverte à des esprits « mathématiques », comme Galilée, qui n'a pas hésité à braver les évidences du sens commun et de l'empirisme ; d'où le rapprochement entre Galilée et Platon (« Que nul n'entre ici s'il n'est géomètre »). Galilée est précisément l'auteur de ce nouveau portrait du savant qui « pose des questions à la nature » : ce qui suppose l'élaboration d'un langage (le langage mathématique) *a priori*, qui est à la fois la condition de possibilité d'une connaissance (la nature demeurerait muette) et de l'objectivité de cette connaissance (elle est contrôlable).

3. Les bases de la méthode expérimentale (ligne 13 à 20)

Si toute science est *a priori*, Kant démontre à présent que cette même science peut s'appliquer aux objets de l'expérience. Dans la révolution de la physique moderne, ces deux aspects sont indissociables : la découverte du pouvoir *a priori* de la raison et l'élaboration de la méthode expérimentale. Cela nous renvoie à l'analyse de la notion d'expérience : la racine commune entre concepts et intuition. D'où cette image d'une raison qui « doit se présenter à la nature tenant d'une main ses principes [...] et de l'autre l'expérimentation ». Nous retrouvons ici les deux aspects de la révolution copernicienne. À noter que la conséquence de ce pouvoir nouveau de la raison, c'est qu'elle ne peut déterminer l'être en soi des phénomènes.

L'image du « juge » qui conclut le texte a pour but de nous faire réfléchir sur la nouvelle idée de la raison qui découle de la révolution physique : la raison est désormais « législatrice », c'est-à-dire que son pouvoir ne consiste pas à inventer le monde, mais à ordonner les phénomènes dans le cadre de notre sensibilité et de notre entendement. La contrepartie de ce pouvoir est le caractère relatif de la vérité scientifique.

Autour de l'œuvre

Les auteurs qui ont influencé la pensée kantienne

Newton et Hume ont marqué la réflexion de Kant concernant la crise de la métaphysique et l'analyse du savoir en général (le problème de l'*a priori*). Dans le domaine moral, c'est Rousseau qui a inspiré l'idée de l'indépendance de la raison pratique et le caractère absolu de la conscience morale.

NEWTON – Roger CÔTES

Roger Côtes est le préfacier de l'édition de 1713 des *Principes mathématiques de la philosophie naturelle de Newton.*

Il y a encore une autre espèce de Philosophes qui ne rejettent la Physique céleste de M. Newton que parce qu'elle est opposée au système de Descartes, et ne paraît pas pouvoir s'accorder avec les principes de ce Philosophe. Nous ne pouvons pas les empêcher de suivre leur sentiment ; mais il faut qu'ils se conduisent de même à notre égard, et qu'ils ne refusent pas aux autres une liberté qu'ils veulent qu'on leur accorde. Qu'il nous soit donc permis d'embrasser la Philosophie de Newton, et de nous y attacher, parce qu'elle nous paraît plus véritable ; qu'il nous soit permis de préférer des causes prouvées par des phénomènes à des causes fictives, et qui ne sont confirmées par aucune expérience. Une vraie philosophie ne doit employer dans l'explication de la nature que des causes vraiment existantes ; elle ne doit point chercher les lois par lesquelles le Tout-Puissant aurait pu produire l'ordre admirable qui règne dans cet univers, s'il avait jugé à propos de les employer ; mais seulement celles qu'il a réellement établies par un acte libre de la volonté. En effet, nous pouvons croire raisonnablement qu'un même effet peut être produit par plusieurs causes différentes ; mais la vraie cause pour un Philosophe, est celle qui produit actuellement l'effet dont il est question : la bonne Philosophie n'en reconnaît point d'autres. Dans les pendules, le même mouvement de l'aiguille qui marque les heures peut dépendre également d'un poids suspendu, ou d'un ressort enfermé dans la machine. Si l'on a devant soi une horloge mise en mouvement par un poids, ce serait une chose ridicule d'imaginer un ressort, et de vouloir expliquer le mouvement de l'aiguille par cette hypothèse faite avec trop de précipitation ;

car il fallait d'abord considérer attentivement la construction intérieure de la machine, afin de reconnaître par expérience le vrai principe du mouvement proposé : on peut porter à peu près le même jugement de ces Philosophes qui commencent par établir que l'espace immense des Cieux est rempli d'une matière extrêmement subtile, et veulent ensuite que cette même matière soit mise dans un mouvement continuel par les tourbillons qu'elle a formés ; car il pourrait arriver qu'ils expliquent tous les phénomènes par leurs hypothèses, et l'on ne pourrait pas dire pour cela qu'ils nous eussent donné une vraie Philosophie, ni qu'ils eussent découvert les vraies causes des mouvements célestes ; à moins qu'ils ne nous aient démontré l'une de ces deux propositions, ou que les causes qu'ils nous donnent existent réellement, ou qu'il n'en pourrait exister d'autres.

Si donc nous faisons voir que l'attraction des corps a réellement lieu dans la nature ; si nous montrons de plus comment on peut expliquer tous les mouvements célestes par cette propriété ; dès lors c'est nous faire une objection ridicule et sans force, que de vouloir nous prouver que l'on doit expliquer ces mêmes mouvements par les tourbillons, quand même nous aurions accordé la possibilité d'une telle explication. Mais il s'en faut de beaucoup, car on ne peut expliquer ces phénomènes en aucune manière par le moyen des tourbillons, c'est une chose si bien prouvée par notre Auteur, démontrée par des raisons si solides, que ce serait vouloir s'occuper sérieusement de rêveries que de consacrer sans aucun fruit son temps et ses travaux, à rétablir un édifice misérable et chimérique par des éclaircissements ou des commentaires également inutiles.

Préface des *Principes mathématiques de la philosophie naturelle*, éd. Blanchard, tome I, pp. XXXI-XXXII.

HUME

Tous les raisonnements sur les faits paraissent se fonder sur la relation de la cause à l'effet. C'est au moyen de cette seule relation que nous dépassons l'évidence de notre mémoire et de nos sens. Si vous demandiez à quelqu'un pourquoi il croit à la réalité d'un fait qu'il ne constate pas effectivement, par exemple que son ami est à la campagne ou en France, il vous donnerait une raison ; cette raison serait un autre fait : une lettre qu'il a reçue de lui ou la connaissance de ses résolutions antérieures et de ses promesses. Un homme qui trouverait une montre ou une autre machine dans une île déserte conclurait qu'il y a eu précédemment des hommes sur cette île. Tous nos raisonnements sur les faits sont de même nature. On y suppose constamment qu'il y a une connexion entre le fait présent et ce qu'on en infère. S'il n'y avait rien pour les unir l'un à l'autre, l'inférence serait entièrement précaire. L'audition d'une voix articulée et d'une conversation raisonnable dans l'obscurité m'assure de la présence d'une personne : pourquoi ? Ce sont des effets de la constitution et de la structure de l'homme en étroite connexion avec elles. Si nous analysions tous les autres raisonnements de cette nature, nous trouverions qu'ils se fondent sur la relation de la cause à l'effet et que cette relation est proche ou éloignée, directe ou collatérale. La chaleur et la lumière sont des effets collatéraux du feu, et l'on peut à bon droit conclure l'un des effets de l'autre.

Si donc nous désirons nous satisfaire au sujet de la nature de l'évidence qui nous donne la certitude des faits, il faut que nous recherchions comment nous arrivons à la connaissance de la cause et de l'effet.

J'oserai affirmer, comme une proposition générale qui n'admet pas d'exception, que la connaissance de cette relation ne s'obtient, en aucun cas, par des raisonnements *a priori* ; mais qu'elle naît entièrement de l'expérience, quand nous trouvons que des objets particuliers sont en conjonction constante l'un avec l'autre. Qu'on présente un objet à un homme dont la raison et les aptitudes soient, par nature, aussi fortes que possible ; si cet objet lui est entièrement nouveau, il sera incapable, à examiner avec la plus grande précision ses qualités sensibles, de découvrir l'une de ses causes ou l'un de ses effets. Adam, bien qu'on admette l'entière perfection de ses facultés rationnelles dès son tout premier moment, n'aurait pu inférer de la fluidité et de la transparence de l'eau que celle-ci le suffoquerait, ou de la lumière et de la chaleur du feu que celui-ci le consumerait. Nul objet ne découvre jamais, par les qualités qui paraissent aux sens, soit les causes qui les produisent, soit les effets qui en naissent ; et notre raison ne peut, sans l'aide de l'expérience, jamais tirer une conclusion au sujet d'une existence réelle et d'un fait.

Hume, *Enquête sur l'entendement humain,*
section IV, première partie, Garnier-Flammarion.

ROUSSEAU

Jetez les yeux sur toutes les nations du monde, parcourez toutes les histoires. Parmi tant de cultes inhumains et bizarres, parmi cette prodigieuse diversité de mœurs et de caractères, vous trouverez partout les mêmes idées de justice et d'honnêteté, partout les mêmes notions de bien et de mal. L'ancien paganisme enfanta des dieux abominables, qu'on eut punis ici-bas comme des scélérats, et qui n'offraient pour tableau du bonheur suprême que des forfaits à commettre et des passions à contenter. Mais le vice, armé d'une autorité sacrée, descendit en vain du séjour éternel, l'instinct moral le repoussait du cœur des humains [...].

Il est donc au fond des âmes un principe inné de justice et de vertu, sur lequel, malgré nos propres maximes, nous jugeons nos actions et celles d'autrui comme bonnes ou mauvaises, et c'est à ce principe que je donne le nom de conscience.

Mais à ce mot j'entends s'élever de toutes parts la clameur de prétendus sages: erreurs de l'enfance, préjugés de l'éducation s'écrient-ils tous de concert. Il n'y a rien dans l'esprit humain que ce qui s'y introduit par l'expérience, et nous ne jugeons d'aucune chose que sur des idées acquises. Ils font plus : cet accord évident universel de toutes les nations, ils l'osent rejeter ; et, contre l'éclatante uniformité du jugement des hommes, ils vont chercher dans les ténèbres quelque exemple obscur et connu d'eux seuls ; comme si tous les penchants de la nature étaient anéantis par la dépravation d'un peuple, et que, sitôt qu'il est des monstres, l'espèce ne fût plus rien. Mais que servent au sceptique Montaigne les tourments qu'il se donne pour déterrer en un coin du monde une coutume opposée aux notions de la justice ? Que lui sert de donner aux plus suspects voyageurs l'autorité qu'il refuse aux écrivains les plus célèbres ? Quelques usages incertains et bizarres fondés sur des causes locales qui nous sont inconnues, détruiront-ils l'induction générale tirée du concours de tous les peuples, opposés en tout le reste et d'accord sur ce seul point ? Ô Montaigne ! toi qui te piques de franchise et de vérité, sois sincère et vrai, si un philosophe peut l'être, et dis-moi s'il est quelque pays sur la terre où ce soit un crime de garder sa foi, d'être clément, bienfaisant, généreux ; où l'homme de bien soit méprisable, et le perfide honoré.

Conscience ! conscience ! instinct divin, immortelle et céleste voix ; guide assuré d'un être ignorant et borné, mais intelligent et libre ; juge infaillible du bien et du mal, qui rends l'homme semblable à Dieu, c'est toi qui fais l'excellence de sa nature et la moralité de ses actions ; sans toi je ne sens rien en moi qui m'élève au-dessus des bêtes, que le triste privilège de m'égarer d'erreurs en erreurs à l'aide d'un entendement sans règle et d'une raison sans principe.

Jean-Jacques Rousseau,
Émile, livre IV.

Textes de Kant sur la raison théorique

Les deux sources de la connaissance : intuition et concept

Notre connaissance dérive dans l'esprit *(Gemüth)* de deux sources fondamentales ; la première est le pouvoir de recevoir les représentations (la réceptivité des impressions), la seconde, celui de connaître un objet au moyen de ces représentations (spontanéité des concepts). Par la première un objet nous est *donné* ; par la seconde il est *pensé* en rapport avec cette représentation (comme simple détermination de l'esprit). Intuition et concepts constituent donc les éléments de toute notre connaissance ; de sorte que ni des concepts, sans une intuition qui leur corresponde de quelque manière, ni une intuition sans concepts, ne peuvent donner une connaissance. Ces deux éléments sont ou purs, ou empiriques ; empiriques, quand ils contiennent une sensation (qui suppose la présence réelle de l'objet), et *purs*, quand à la représentation n'est mêlée aucune sensation. On peut appeler la sensation la matière de la connaissance sensible. Par suite, une intuition pure contient uniquement la forme sous laquelle quelque chose est intuitionné, et un concept pur, seulement la forme de la pensée d'un objet en général. Seuls, les intuitions ou les concepts purs sont possibles *a priori* ; les empiriques ne le sont qu'*a posteriori*.

Si nous appelons *sensibilité* la *réceptivité* de notre esprit (*Gemüth*), le pouvoir qu'il a de recevoir des représentations en tant qu'il est affecté d'une manière quelconque, nous devrons en revanche nommer *entendement* le pouvoir de produire nous-mêmes des représentations ou la *spontanéité* de la connaissance. Notre nature est ainsi faite que l'*intuition* ne peut jamais être que sensible, c'est-à-dire ne contient que la manière dont nous sommes affectés par des objets, tandis que le pouvoir de *penser* l'objet de l'intuition sensible est l'*entendement*. Aucune de ces deux propriétés n'est préférable à l'autre. Sans la sensibilité, nul objet ne nous serait donné et sans l'entendement nul ne serait pensé. Des pensées sans contenu (*Inhalt*) sont vides, des intuitions sans concepts, aveugles. Il est donc aussi nécessaire de rendre ses concepts sensibles (c'est-à-dire d'y ajouter l'objet dans l'intuition) que de se faire intelligibles ses intuitions (c'est-à-dire de les soumettre à des concepts). Ces deux pouvoirs ou capacités ne peuvent pas échanger leurs fonctions. L'entendement ne peut rien intuitionner, ni les sens rien penser. De leur union seule peut sortir la connaissance.

Kant, *Critique de la raison pure*,
PUF, trad. Tremesaygues et Pacaud, pp. 76-77.

Éclaircissements sur l'opposition phénomène et chose en soi

Tout d'abord il est nécessaire de nous expliquer, aussi clairement que possible, sur notre opinion en ce qui concerne la constitution de la connaissance sensible en général, pour prévenir toute fausse interprétation à ce sujet.

Nous avons donc voulu dire que toute notre intuition n'est que la représentation du phénomène, que les choses que nous intuitionnons ne sont pas en elles-mêmes telles que nous les intuitionnons, que leurs rapports ne sont pas constitués en eux-mêmes tels qu'ils nous apparaissent, et que, si nous faisons abstraction de notre sujet, ou même seulement de la nature subjective de nos sens en général, toute la manière d'être (*Beschaffenheit*) et tous les rapports des objets dans l'espace et dans le temps et même l'espace et le temps disparaissent, puisque, en tant que phénomènes, ils ne peuvent pas exister en soi, mais seulement en nous. Quant à ce que peut être la nature des objets en eux-mêmes et abstraction faite de toute cette réceptivité de notre sensibilité, elle nous demeure tout à fait inconnue. Nous ne connaissons que notre mode de les percevoir, mode qui nous est particulier, mais qui peut fort bien n'être pas nécessaire pour tous les êtres, bien qu'il le soit pour tous les hommes. C'est à ce mode seulement que nous avons affaire. L'espace et le temps en sont les formes pures ; la sensation en général en est la matière. Nous ne pouvons connaître ces formes qu'*a priori*, c'est-à-dire qu'avant toute perception réelle, et c'est pour cela qu'elles ont le nom d'intuitions pures ; la sensation, au contraire, est, dans notre connaissance, ce qui fait qu'elle se nomme connaissance *a posteriori*, c'est-à-dire intuition empirique. Ces formes sont absolument et nécessairement inhérentes à notre sensibilité, de quelque espèce que puissent être nos sensations ; les sensations peuvent être très différentes. Quand même nous pourrions porter notre intuition à son plus haut point de clarté, nous n'arriverions pas ainsi plus près de la nature des objets en soi. En effet, nous ne connaîtrions, en tout cas, parfaitement que notre mode d'intuition, c'est-à-dire notre sensibilité toujours soumise aux conditions du temps et de l'espace originairement inhérentes au sujet ; ce que les objets peuvent être en eux-mêmes, nous ne le connaîtrions jamais, même par la connaissance la plus claire du phénomène de ces objets, seule connaissance qui nous est donnée.

Kant, *Critique de la raison pure*,
PUF, trad. Tremesaygues et Pacaud, p. 68.

La distinction entre la raison et l'entendement : la dialectique

D'abord, la raison, dans ses raisonnements (*der Vernunftschluss*), ne s'applique pas à des intuitions pour les soumettre à des règles (comme le fait l'entendement avec ses catégories), mais, au contraire, à des concepts et à des jugements. Si donc la raison pure se rapporte aussi aux objets, elle n'a toutefois de rapport immédiat ni avec eux, ni avec leur intuition, mais seulement avec l'entendement et ses jugements, qui s'appliquent immédiatement aux sens et à leur intuition pour en déterminer l'objet. L'unité rationnelle n'est donc pas l'unité d'une expérience possible ; elle en est, au contraire, essentiellement distincte, car cette dernière unité est l'unité intellectuelle. Que tout ce qui arrive a une cause, ce n'est pas du tout un principe connu et prescrit par la raison. Il rend possible l'unité de l'expérience et il n'emprunte rien à la raison, qui, sans ce rapport à l'expérience possible, n'aurait pu, se fondant sur de simples concepts, prescrire une pareille unité synthétique.

En second lieu, la raison cherche, dans son usage logique, la condition générale de son jugement (de la conclusion) et le raisonnement n'est lui-même autre chose qu'un jugement que nous formons en subsumant sa condition à une règle générale (la majeure). Or, comme cette règle, à son tour, est soumise à la même recherche de la raison et qu'il faut ainsi chercher (au moyen d'un prosyllogisme) la condition de la condition, et cela aussi loin que possible, on voit donc bien que le principe propre de la raison en général (dans son usage logique) est de trouver pour la connaissance conditionnée de l'entendement, l'inconditionné qui en achèvera l'unité.

Mais cette maxime logique ne peut être un principe de la *raison pure* qu'à la condition qu'on admette que si le conditionné est donné, soit aussi donnée (c'est-à-dire contenue dans l'objet et dans sa liaison) toute la série des conditions subordonnées, série qui, par suite, elle-même, est inconditionnée.

Or un tel principe de la raison pure est manifestement *synthétique* ; car le conditionné se rapporte sans doute analytiquement à quelque condition, mais non pas à l'inconditionné. Il doit aussi en dériver diverses propositions synthétiques, dont l'entendement pur ne sait rien, puisqu'il n'a affaire qu'à des objets d'une expérience possible dont la connaissance et la synthèse sont toujours conditionnées. Mais l'inconditionné, quand il a lieu réellement, peut être examiné (*erwogen*) en particulier dans toutes les déterminations qui le distinguent de tout conditionné et doit, par conséquent, donner matière à maintes propositions synthétiques *a priori*.

Les propositions fondamentales qui dérivent de ce principe suprême de la raison pure sont *transcendantes* par rapport à tous les phénomènes, c'est-à-dire que l'on ne pourra jamais faire de ce principe un usage empirique qui lui soit adéquat. Il se distinguera donc entièrement de tous les principes de l'entendement (dont l'usage est complètement *immanent*, puisqu'ils n'ont d'autres thèmes que la possibilité de l'expérience). Or, rechercher si ce principe : que la série des conditions (dans la synthèse des phénomènes, ou même de la pensée des choses en général) s'élève jusqu'à l'inconditionné, a ou n'a pas de valeur objective, et quelles conséquences en dérivent pour l'usage empirique de l'entendement ; ou plutôt, s'il n'y a absolument aucun principe rationnel de ce genre doué de valeur objective, mais, au contraire, une prescription simplement logique qui nous pousse, dans l'ascension vers des conditions toujours plus élevées, à nous rapprocher de l'intégralité de ces conditions et à porter ainsi dans notre connaissance la plus haute unité rationnelle possible pour nous ; rechercher donc si ce besoin de la raison, par suite d'un malentendu, a été pris pour un principe transcendantal de la raison pure postulant témérairement cette intégralité absolue de la série des conditions dans les objets eux-mêmes, et, dans ce cas, se demander quelles sont les erreurs et les illusions qui peuvent se glisser dans les raisonnements dont la majeure est tirée de la raison pure (et, peut-être, est plutôt une pétition qu'un postulat) et qui s'élèvent de l'expérience à ses conditions : voilà quel sera notre objet dans la dialectique transcendantale que nous allons, dès maintenant, développer, en partant de ses sources profondément cachées dans la raison humaine. Nous la diviserons en deux parties principales dont la première traitera des *concepts transcendants* de la raison pure et la seconde de ses *raisonnements transcendants* et *dialectiques.*

Kant, *Critique de la raison pure*, P.U.F.,
trad. Tremesaygues et Pacaud, pp. 259-260.

Textes de Kant sur la raison pratique

L'autonomie de la volonté

L'autonomie de la volonté est le principe unique de toutes les lois morales et des devoirs qui y sont conformes ; au contraire toute hétéronomie du libre choix (*Willkühr*), non seulement n'est la base d'aucune obligation, mais elle est plutôt opposée au principe de l'obligation et à la moralité de la volonté. Le principe unique de la moralité consiste dans l'indépendance, à l'égard de toute matière de la loi (c'est-à-dire à l'égard d'un objet désiré), et en même temps aussi dans la détermination du libre choix (*Willkühr*) par la simple forme législative universelle, dont une maxime doit être capable. Mais cette indépendance est la liberté au sens négatif, cette législation propre de la raison pure et, comme telle, pratique, est la liberté au sens positif. La loi morale n'exprime donc pas autre chose que l'autonomie de la raison pure pratique, c'est-à-dire de la liberté, et cette autonomie est elle-même la condition formelle de toutes les maximes, la seule par laquelle elles puissent s'accorder avec la loi pratique suprême. Si donc la matière du vouloir (*Wollen*), qui ne peut être que l'objet d'un désir lié avec la loi, intervient dans la loi pratique comme condition de la possibilité de cette loi, il en résulte une hétéronomie du libre choix (*Willkühr*), c'est-à-dire la dépendance à l'égard de la loi naturelle, de quelque impulsion (*Antriebe*) ou de quelque penchant, et la volonté (*Wille*) ne se donne plus elle-même la loi, mais seulement le précepte d'une obéissance raisonnable à une loi pathologique. Mais la maxime qui, dans ce cas, ne peut jamais contenir en soi la forme universellement législative, non seulement ne fonde de cette manière aucune obligation, mais elle est elle-même opposée au principe d'une raison pure pratique, et par conséquent aussi à l'intention (*Gesinnung*) morale, quand même l'action qui en résulte serait conforme à la loi (*geselzmässig*).

Kant, *Critique de la raison pratique*,
PUF, trad. F. Picavet, p. 33.

Les postulats de la raison pratique

L'aspiration au souverain bien (*die Absicht aufs höchste Gut*), rendue nécessaire par le respect pour la loi morale, et la supposition qui en découle, de la réalité objective de ce bien suprême, nous conduit ainsi par des postulats de la raison pratique à des concepts que la raison spéculative pouvait, il est vrai, présenter comme des problèmes, mais qu'elle ne pouvait résoudre. Donc : 1. Elle conduit au concept pour la solution duquel la raison spéculative ne pouvait faire que des paralogismes (à savoir à celui de l'immortalité), parce qu'elle manquait du caractère de persistance pour compléter le concept psychologique d'un dernier sujet qui est attribué nécessairement à l'âme dans la conscience qu'elle a d'elle-même, de manière à en faire la représentation réelle d'une substance, ce que fait la raison pratique par le postulat d'une durée nécessaire pour la conformité avec la loi morale dans le souverain bien comme but (*Zwecke*) total de la raison pratique. 2. Elle conduit au concept à propos duquel la raison spéculative ne contenait que de l'antinomie, dont elle ne pouvait fonder la solution que sur un concept, il est vrai problématiquement concevable, mais ne pouvant, quant à sa réalité objective, être démontré ni déterminé par elle, à savoir l'idée cosmologique d'un monde intelligible et la conscience de notre existence dans ce monde, au moyen du postulat de la liberté (dont elle montre la réalité par la loi morale, et avec elle en même temps la loi d'un monde intelligible, que la raison spéculative ne pouvait qu'indiquer sans en pouvoir déterminer le concept). 3. Elle donne au concept que la raison spéculative devait, il est vrai, concevoir, mais laisser indéterminé comme idéal simplement transcendantal, au concept théologique de l'être suprême, de la signification (au point de vue pratique, c'est-à-dire comme à une condition de la possibilité de l'objet d'une volonté déterminée par cette loi), elle le présente comme le principe suprême du souverain bien dans un monde intelligible, au moyen d'une législation morale toute-puissante en ce monde.

Mais notre connaissance est-elle de cette manière réellement élargie par la raison pure pratique, et ce qui était transcendant pour la raison spéculative, est-il immanent pour la raison pratique ? Sans doute, mais seulement au point de vue pratique. Car nous ne connaissons par là ni la nature de notre âme, ni le monde intelligible, ni l'être suprême, suivant ce qu'ils sont en eux-mêmes, nous n'avons que réuni les concepts de ces choses dans le concept pratique du souverain bien, comme objet de notre volonté et complètement *a priori*, par la raison pure, mais seulement au moyen de la loi morale et simplement aussi par rapport à cette loi, en vue de l'objet qu'elle commande. Mais comment la liberté est-elle seulement possible et comment doit-on se représenter, théoriquement et positivement, cette sorte de causalité, c'est ce qu'on n'aperçoit pas par là ; on comprend seulement qu'une telle liberté est postulée par la loi morale et à son profit. Il en est de même des autres idées qu'aucun entendement humain ne peut jamais approfondir d'après leur possibilité ; mais aussi aucun sophiste ne pourra jamais persuader, même à l'homme le plus vulgaire, qu'elles ne sont pas de vrais concepts.

Kant, *Critique de la raison pratique*,
PUF, trad. Picavet, pp. 142-143.

Accueil et postérité

La nouvelle théorie de la connaissance présentée par Kant dans la Seconde Préface a suscité une réflexion sur le rôle du sujet dans la connaissance, et sur la signification de la notion de « chose ». Enfin, on a pu s'interroger sur la portée d'une telle analyse : n'est-elle pas marquée par le modèle qui l'a inspirée, la science physique des XVIIe et XVIIIe siècles ? Le texte du savant Prigogine serait à confronter avec les objections de Bergson dans *L'Évolution créatrice.*

HEGEL

Après le premier paragraphe de ce texte qui évalue les résultats de la philosophie critique kantienne, le second vise Fichte comme représentant la radicalisation du principe idéaliste de cette philosophie. La fin du texte situe la tentative philosophique de Hegel (« élaboration de la science pure »).

Sur les rapports de Hegel à Kant, on peut consulter la *Phénoménologie de l'Esprit* : « L'Esprit » Bb : l'*Aufklärung* ; ainsi que l'*Essence de la critique philosophique en général* où Hegel analyse la philosophie de Kant comme développement du côté subjectif du dualisme de la philosophie cartésienne.

La critique des formes de l'entendement a eu le résultat allégué, que ses formes n'ont pas d'application aux choses en soi, nul autre sens possible à cela que le fait que ces formes, en elles-mêmes, sont quelque chose de non vrai. Seulement, en tant qu'elles sont laissées comme valables pour la raison subjective et pour l'expérience, la critique n'a effectué en elles-mêmes aucun changement, mais elle les laisse pour le sujet dans le même état où elles valaient auparavant pour l'objet...

Cette critique a donc seulement éloigné de la chose les formes du penser objectif, mais dans le sujet elle les a laissées telles qu'elle les avait trouvées au départ. Car ce faisant, elle n'a pas considéré ces formes en et pour soi-même, d'après leur contenu caractéristique, mais les a prises directement de la logique subjective de façon lemmatique, de sorte qu'il n'était pas question de leur déduction en elles-mêmes, ou d'une déduction des formes logico-subjectives, et encore moins de leur considération dialectique.

L'idéalisme transcendantal mené à son terme de façon plus conséquente en est venu à connaître l'inanité du fantôme de la chose en soi, de cette chose abstraite séparée de tout contenu, que la philosophie critique avait encore laissé en reste et il a eu pour but de la détruire complètement. Aussi cette philosophie prit-elle pour commencement de laisser la raison présenter ses déterminations à partir d'elle-même. Mais l'attitude subjective qu'impliquait cette tentative ne lui permit pas d'atteindre à son achèvement. Par la suite, en même temps que cette attitude, ce commencement fut abandonné lui aussi pour l'élaboration de la science pure.

Hegel, *Science de la logique* (1812-1816), Aubier-Montaigne, 1972, pp. 15-16.

HEIDEGGER

Sur la critique de Kant par Heidegger, voir *Kant et le problème de la métaphysique* et plus spécialement la quatrième section.

Nous avons tenté de pénétrer jusqu'à la doctrine des principes parce qu'en ce centre de la *CRP* la question de la chose est posée à neuf et qu'une réponse nouvelle lui est donnée. Nous disions plus haut que la question de la chose était une question historiale ; nous voyons plus nettement maintenant jusqu'à quel point il en est bien ainsi. L'interrogation kantienne interroge sur l'intuition et la pensée, sur l'expérience et ses principes, c'est-à-dire qu'elle interroge sur l'homme. La question : Qu'est-ce qu'une chose ? est la question : Qui est l'homme ? Cela ne signifie pas que les choses se ramènent à un produit humain, mais cela veut dire au contraire : il faut comprendre l'homme comme celui qui depuis toujours saute par-dessus les choses, mais de telle sorte que ce saut n'est possible qu'en tant que les choses s'offrent et ainsi restent précisément elles-mêmes – en tant qu'elles nous renvoient nous-mêmes en arrière de nous-mêmes et de notre surface. Dans la question kantienne sur la chose s'ouvre une dimension qui gît entre la chose et l'homme, et dont le règne s'étend par-delà les choses et en arrière des hommes.

Heidegger, *Qu'est-ce qu'une chose ?* cours de 1935-1936, Gallimard, 1971, p. 249.

PRIGOGINE

Prix Nobel de chimie en 1977, Ilya Prigogine est un spécialiste de la thermodynamique de non-équilibre.

La solution kantienne justifie donc du même coup la connaissance scientifique et l'étrangeté de l'homme dans le monde décrit par cette science : en fait ce que Kant élaborait n'est rien d'autre que le discours mythique de la science moderne. Il prenait en ce sens acte de la forme systématique que s'était donnée la physique au cours du XVIIIe siècle, et assignait à cette dernière son domaine de validité, déterminait les fondements et les limites de sa légitimité.

[...] Le point de départ de Kant, la thèse du rôle actif joué par l'homme dans la description scientifique, nous l'acceptons évidemment ; nous avons trop parlé de l'expérimentation comme art de choix et de mise en scène pour qu'il soit utile de revenir encore sur l'idée que, dans toute description scientifique comme dans toute expérimentation, certains principes sont présupposés qui rendent possible l'expérimentation et que celle-ci ne peut donc établir. Cependant, Kant, on l'a vu, va beaucoup plus loin. Il nie la diversité des points de vue scientifiques sur la nature, et donc aussi la nécessité d'un choix irréductible et positif : sélection d'une situation problématique à l'intérieur de laquelle des questions précises peuvent être posées, des réponses expérimentales recherchées. En accord avec le mythe de la science moderne, Kant recherche le langage unique que la science déchiffre dans la nature, l'ensemble unique de présupposés qui conditionnent la physique et s'identifient dès lors avec ce qui devient les catégories de l'entendement lui-même.

[...] La nature antique était source de sagesse, la nature médiévale parlait de Dieu, la nature moderne est, quant à elle, devenue muette au point que Kant a cru devoir séparer entièrement science et sagesse, science et vérité. Cette séparation nous la vivons depuis bientôt deux siècles ; nous avons hâte qu'elle prenne fin et, du point de vue scientifique, les conditions semblent aujourd'hui réunies pour qu'elle prenne fin.

Ilya Prigogine, *La Nouvelle Alliance, métamorphose de la science,*
NRF Gallimard, 1979, pp. 98, 100-101.

Glossaire

La technicité et la spécificité du langage philosophique kantien est bien connue. Nous donnerons ici plus des points de repères que de véritables définitions. Nous ne saurions trop conseiller l'usage de l'ouvrage de Roger Verneaux, *Le Vocabulaire de Kant*, 2 tomes, Aubier-Montaigne.

a priori

Si, selon Kant, *a posteriori* signifie « issu de l'expérience », *a priori* signifiera « indépendant de l'expérience ». Mais Kant distingue « les connaissances *a priori* », celles qui portent sur des éléments dont l'un d'entre eux ne peut être connu que par expérience, des « connaissances pures *a priori* » qui ne contiennent aucun élément empirique.

analyse (analytique)

Kant emploie ces mots selon deux points de vue :

- un *usage logique*: c'est le procédé de décomposition des concepts ; et, ici, analyse s'oppose à *synthèse* qui qualifie alors l'acte par lequel l'esprit joint les diverses représentations et conçoit leur multiplicité sous la forme d'une connaissance unique.
- un *usage rationnel*: c'est le sens même de l'Analytique transcendantale, c'est-à-dire la recherche des conditions *a priori* de l'expérience.

chose en soi

Qualifie l'état d'une chose subsistant en et par elle-même, c'est-à-dire hors de ma représentation.

« Des objets nous sont donnés, objets de nos sens et extérieurs à nous, mais nous ne savons rien de ce qu'ils peuvent être en eux-mêmes, nous n'en connaissons que les phénomènes, c'est-à-dire les représentations qu'ils produisent en nous en affectant nos sens. Je conviens assurément qu'il y a en dehors de nous des corps, c'est-à-dire des choses qui nous sont tout à fait inconnues dans ce qu'elles peuvent être en soi, mais que nous connaissons par les représentations que nous procure leur action sur notre sensibilité […] » (Kant, *Prolégomènes*, p. 52).

concept

Il est produit de manière spontanée par l'entendement.

« Toute connaissance exige un concept, si imparfait et si obscur qu'il puisse être ; mais le concept est toujours, quant à sa forme, quelque chose de général et qui sert de règle » (*Kant*, cité par Verneaux, tome II, p. 66).

dogmatisme

Nous voulons simplement insister sur la différence introduite par Kant (Seconde Préface, § 14, p. 41) entre *procédé dogmatique* : démonstration procédant à partir de principes *a priori*, et *dogmatisme* désignant la prétention de connaître par la raison pure le suprasensible, sans qu'une telle raison ait auparavant fait la critique de sa capacité à légiférer au-delà des bornes de l'expérience.
Si la méthode dogmatique est une des voies de la critique, le dogmatisme est à l'opposé du criticisme.

expérience

« *L'expérience consiste dans la liaison synthétique des phénomènes (perceptions) en une conscience, en tant que cette liaison est nécessaire* » (Kant, *Prolégomènes*, p. 75).
Rappelons ici l'importance pour Kant du modèle scientifique de l'expérience tel qu'il l'a trouvé chez Newton.

idée transcendantale

Kant définit l'idée comme le principe suprême de tout raisonnement, c'est-à-dire comme « *le concept de l'inconditionné en tant qu'il contient le principe de la synthèse du conditionné* ». Les idées transcendantales ou « idées de la raison pure » sont donc des concepts nécessaires auxquels aucun objet ne peut être donné par les sens (idées d'âme, de monde et de Dieu).

inconditionné

C'est l'objet du principe propre de la raison cherchant le terme qui permettra l'unité de la connaissance conditionnelle de l'entendement. C'est donc la synthèse de la série des conditions du jugement et de ce sur quoi porte le jugement (voir *CRP*, introduction à la « Dialectique transcendantale »).

intuition

« *De quelque manière et par quel que moyen qu'une connaissance puisse se rapporter à des objets, le mode par lequel elle se rapporte immédiatement aux objets et auquel tend toute pensée comme au but en vue duquel elle est le moyen, est l'* intuition » (Kant, *CRP*, p. 53).

mécanisme de la nature

« *C'est même pour cela qu'on peut nommer le mécanisme de la nature toute nécessité des événements se produisant dans le temps d'après la loi naturelle de la causalité, quoique on n'entende pas par là que des choses qui sont soumises à ce mécanisme, doivent être de réelles machines maté-*

rielles. On a seulement en vue ici la nécessité de la connection des événements dans une série de temps, comme elle se développe d'après la loi de la nature, soit que l'on nomme le sujet où a lieu ce développement Automate materiale *quand l'être machine est mû par la matière, ou avec Leibniz* Automaton spirituale *quand il est mû par des représentations* » (*CRPA*, p. 103).

métaphysique

« Les inévitables problèmes de la raison pure sont Dieu, la liberté et l'immortalité ; et la science qui n'a proprement pour but final que la solution de ces trois problèmes, se nomme la métaphysique » (*CRP*).

Qualifiant la métaphysique de « tendance naturelle de l'homme », il répétera souvent qu'elle ne peut donc pas disparaître : *« il y a toujours eu et il y aura toujours dans le monde une métaphysique* » (Seconde Préface, § 14, p. 41). *« Que l'esprit humain renonce une fois pour toutes aux recherches métaphysiques, voilà à quoi on ne doit pas s'attendre, pas plus qu'à nous voir, pour ne pas toujours respirer un air corrompu, suspendre complètement nos respirations* » (*Prolégomènes...*).

phénomène

Désigne la façon que les objets ont d'appartenir à notre représentation ; c'est-à-dire tout ce qui est « objet d'expérience possible », à savoir, pour Kant, ce qui apparaît dans des rapports spatiaux et temporels déterminés par les catégories.

Le phénomène s'oppose donc à la fois au donné sensible brut et au *noumène* : c'est-à-dire ce qui est conçu par l'esprit au-delà du phénomène mais sans pouvoir être perçu. *Noumène* a, en ce premier sens, une valeur négative de limitation de l'entendement. Mais, en un sens positif proche de l'idée de « chose en soi », il désigne une réalité absolue qui, si elle ne peut être l'objet d'une connaissance empirique, pourrait par contre être atteinte par une intuition intellectuelle. Or, selon Kant, l'homme ne peut pas avoir de telles intuitions, et donc le noumène est défini dans son rapport au phénomène comme ce qui doit être toujours pré-supposé pour que nos intuitions aient un contenu.

raison théorique, pratique, pure

• *Raison théorique ou spéculative* : Kant avait défini l'entendement comme « faculté de ramener les phénomènes à l'unité au moyen de règles » ; la raison est alors la faculté qui unifie ces règles de l'entendement au moyen de principes qui *« ne sont autre chose que les règles de l'usage objectif des catégories* » (*CRP*, p. 163).

• *Raison pratique* : « *L'usage théorique de la raison portait sur des objets de la faculté pure et simple de connaître... Il en est tout autrement pour l'usage pratique de la raison. Dans ce dernier cas la raison s'occupe des principes déterminant de la volonté, qui est un pouvoir, ou de produire des objets correspondants aux représentations, ou de se déterminer soi-même à réaliser ces objets, c'est-à-dire de déterminer sa causalité* » (*CRPRA*, p. 13). Les principes de la raison pratique sont les moyens par lesquels la volonté détermine les règles pratiques : maximes morales individuelles comme lois morales universelles.

sensibilité

Elle est, avec l'entendement, l'une des « deux sources de la connaissance humaine ». Et si par l'entendement les objets sont pensés, il nous sont donnés par la sensibilité.
Insistons ici à nouveau sur le fait que c'est en redonnant sa fonction d'intuition – par laquelle donc les objets nous apparaissent – à la sensibilité, que Kant ouvre sa critique de la métaphysique dogmatique dont l'erreur profonde et rédhibitoire était précisément de ne reconnaître qu'une seule source de connaissance : soit l'entendement pour le rationalisme, soit la sensibilité pour l'empirisme. Le criticisme, c'est la sensibilité plus l'entendement ; celui-ci, répétons-le, pensant les objets donnés par celle-là.

transcendant-transcendantal

Nous pourrions dire, sans trop schématiser, que *transcendantal* renvoie à l'usage des représentations tel qu'il est déterminé dans l'« Analytique des concepts et des principes » (Première Division de la *CRP*) et *transcendant* à l'usage des représentations tel qu'il est déterminé dans les raisonnements dialectiques de la raison pure (Deuxième Division de la *CRP*).
• *Transcendant*: qualifie alors les principes qui, par nature, dépassent les bornes de l'expérience possible. Il s'agit donc de l'usage des Idées de la raison en tant que l'expérience ne peut leur donner nul objet qui leur corresponde.
• *Transcendantal* : dans l'Introduction de la *CRP*, Kant définit la connaissance transcendantale comme celle qui s'occupe moins des objets que de nos concepts *a priori* de ces objets. Il s'agit donc de l'usage *a priori* de la connaissance en tant qu'elle détermine et rend possible l'expérience.
« *Le mot* transcendantal *(souligné par nous) ne signifie pas ce qui dépasse toute expérience, mais ce qui à vrai dire la précède* (a priori) *et cependant n'est déterminé à rien d'autre que de rendre possible exclusivement la connaissance d'expérience. Si les concepts dépassent l'expérience,*

alors leur usage s'appelle transcendant *(souligné par nous) et il se distingue de l'usage immanent, c'est-à-dire restreint à l'expérience* » (*Prolégomènes...*, note 1, p. 170).

volonté

L'idée de volonté est inséparable de l'usage pratique de la raison : *« La volonté est conçue comme une faculté de se déterminer soi-même à agir conformément à la représentation de certaines lois »* (*Fondements de la Métaphysique des Mœurs*, Delagrave, p. 184).

Mais *« puisque, pour dériver les actions des lois la raison est requise, la Volonté n'est rien d'autre qu'une raison pratique »* (*ibid.*, p. 122).

Nous pourrons donc dire avec Kant que la volonté est la faculté de désirer telle qu'elle est déterminée par la raison ; et l'*autonomie de la volonté* sera alors le principe de toutes les lois morales : *« La volonté ne fait rien d'autre que simplement poser la loi, elle ne peut être dite ni libre ni non libre car elle ne se rapporte pas aux actions mais immédiatement à la législation pour la maxime de l'action »* (Kant, *Métaphysique des mœurs*, Introduction, IV, Vrin, 1970).

Sur ce problème central de la morale kantienne voir *CRPRA*, l'« Analytique de la raison pratique ».

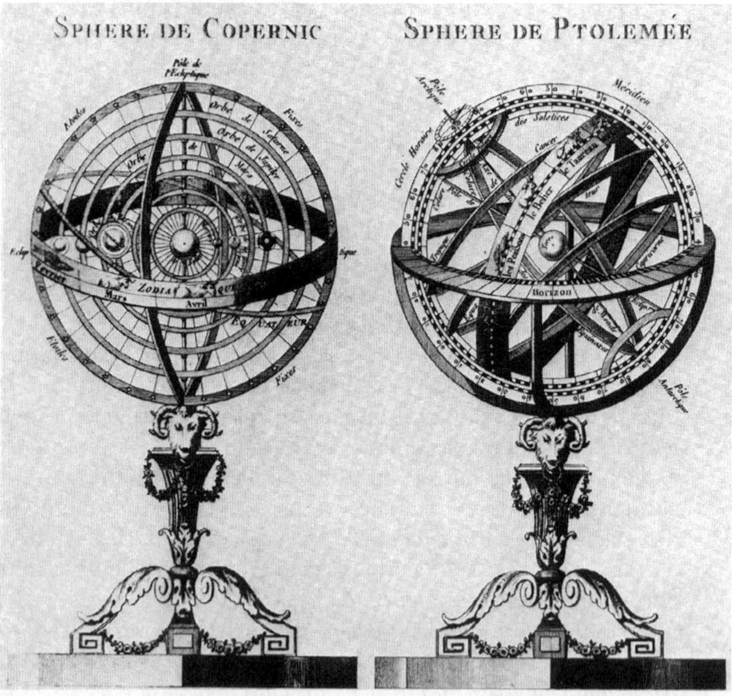

Le système géocentrique de Ptolémée (à droite) et celui, héliocentrique, de Copernic.

Indications biographiques sur les personnages et auteurs cités

Apollonius (~ 262, ~ 180)
Un des plus grands mathématiciens grecs.

Aristarque (IIIe siècle av. J.-C.)
Astronome grec, formula, l'un des premiers, l'hypothèse héliocentrique, « maître » de Copernic.

Archimède (– 287, – 212)
Mathématicien grec.

Aristote (– 384, – 322)
Philosophe grec.

Bacon Francis (1561-1626)
Philosophe anglais ; un des premiers théoriciens de la méthode expérimentale.

Berkeley George (1685-1753)
Évêque et philosophe irlandais.

Cassirer Ernst (1874-1945)
Philosophe et historien des sciences allemand.

Condorcet Antoine-Nicolas de (1743-1794)
Philosophe et mathématicien français.

Copernic Nicolas (1473-1543)
Astronome polonais ; formula le premier la théorie scientifique de l'héliocentrisme.

Descartes René (1596-1650)
Philosophe, physicien et mathématicien français.

Diogène Laërce (IIIe siècle ap. J.-C.).
Historien grec de la philosophie.

Frédéric II (1712-1786)

Roi de Prusse de 1740 à 1786. Un des « princes éclairés » ; roi-philosophe qui laissa une œuvre politique importante.

Galilée (1564-1642)

Mathématicien, physicien, ingénieur, astronome et philosophe italien. Fondateur de la physique dynamique. Père de la méthode expérimentale et du mécanisme classique.

Hegel G.W.F. (1770-1831)

Philosophe allemand.

Heidegger Martin (1889-1976)

Philosophe allemand.

Herz Marcus (1747-1803)

Philosophe allemand. Correspondant et élève de Kant.

Hume David (1711-1776)

Philosophe, économiste et historien anglais.

Koyré Alexandre (XXe siècle)

Philosophe et historien des sciences. Il a analysé la naissance de la physique moderne au XVIIe siècle.

Laplace Pierre Simon de (1749-1827)

Mathématicien, physicien et astronome français.

Leibniz G. W. (1646-1716)

Philosophe rationaliste allemand. Il fut également un grand mathématicien et découvrit, en même temps que Newton, le calcul différentiel et intégral.

Locke John (1632-1704)

Philosophe empiriste anglais, théoricien du libéralisme.

Newton Isaac (1646-1727)

Mathématicien, physicien et astronome anglais ; découvrit la gravitation universelle.

Prigogine Ilya (né en 1917)

Physicien et chimiste belge ; prix Nobel de chimie en 1977. Spécialiste de la thermo-dynamique.

Ptolémée (IIe siècle)

Astronome, mathématicien grec.

Rousseau Jean-Jacques (1712-1778)

Philosophe et écrivain français né à Genève.

Socrate (– 469, – 399)

Philosophe grec, maître de Platon.

Stahl Georg Ernst (1660-1734)

Médecin et chimiste allemand. Adversaire de Lavoisier.

Thalès (VIe siècle av. J.-C.)

Philosophe et mathématicien grec.

Toricelli Evangelista (1608-1647)

Physicien italien, élève de Galilée.

Wolff Christian von (1679-1754)

Philosophe rationaliste et mathématicien allemand.

Portrait de Newton par William Blake – Tate Gallery – Londres.

Imprimé en France par EMD S.A.S. – mars 2006 – 53110 Lassay-les-Châteaux
N° d'éditeur : 10130899 – N° dossier : 15005

Bibliographie commentée

Œuvres de Kant

Les traductions françaises

Œuvres philosophiques de Kant, Gallimard, « Bibliothèque de la Pléiade », sous la direction de Ferdinand Alquié.

Critique de la raison pure, PUF, traduction de Tremesaygues et Pacaud, ou la nouvelle traduction de Renaut Aubier. (Abréviation utilisée dans notre ouvrage : *CRP*.)

Critique de la raison pratique, PUF, traduction de Picavet. (Abréviation utilisée dans notre ouvrage : *CRPRA*.)

Études critiques

Sur la vie de Kant

Histoire de la philosophie, Gallimard, « Bibliothèque de La Pléiade », vol. II : une bonne synthèse sur la formation de Kant et ceux qui ont influencé sa pensée.

PHILONENKO Alexis, *L'Œuvre de Kant*, Vrin, 1969, vol. II, introduction : des indications précieuses sur la lente reconnaissance de Kant dans les milieux philosophiques.

Sur le contexte historique et culturel

Histoire de la philosophie, Gallimard, « Bibliothèque de La Pléiade », vol. II, pp. 728 et 789 : pour bien cerner les différentes écoles philosophiques en Allemagne.

Œuvres philosophiques de Kant, Gallimard, « Bibliothèque de La Pléiade », chronologie de Ferdinand Alquié : les éléments historiques, politiques et culturels.

BILLIER Jean-Cassien, *Kant et le kantisme*, Armand Colin, 1998 : un résumé des modèles que Kant cherche à dépasser (dogmatisme et scepticisme).

KOYRÉ Alexandre, *Études d'histoire de la pensée scientifique*, Gallimard, coll. « Tel », 1985 : une excellente analyse de la « révolution » en physique au XVIIIe siècle.

Sur la pensée philosophique de Kant

Pour appréhender les concepts et les thèses de Kant :

DELEUZE Gilles, *La Philosophie critique de Kant*, PUF, 1994.

PHILONENKO Alexis, *L'Œuvre de Kant*, Vrin, 1969.

VERNEAUX Roger, *Le Vocabulaire de Kant*, Aubier-Montaigne, 1968.

WEIL Éric, *Problèmes kantiens*, Vrin, 1970

Crédits photographiques :
Bernand : 26 ; Roger-Viollet : couverture, 25, 48, 56 ; Harlingue : 21 ; Snark International : 92, 95